吃掉社会。

走出廚房看世界

馮一冲／著

緣起

市面上有關飲食的華文著作，以論述體裁而言，可歸類為：食譜食店、歷史偶拾、風俗遊記、閒情記趣等。以論述方向而言，有從飲食出發，而歸於飲食；有以飲食借題發揮，而結於某些「道理」。以論述骨幹而言，有以純中國或香港飲食文化為基礎，亦間有夾雜西方飲食經驗，當中鮮有著作分析飲食行為背後的社會意義。筆者曾接受宗教學、廚藝及社會學的訓練，並曾在美國加州及本地當過廚師。而從就讀研究院時期計起，過去十年一直從事社會學的教學工作。相信可以從一個教徒、廚師、社會學者的多面角度，透過趣味的飲食文化論述，以填補華文著作在這個領域的留白，並引領讀者超越口腹之欲，擴闊個人的飲食視野。

具體而言，本書的寫作緣起有三：

首先，飲食作為一種社會行為，個體身處其中，從食材的分類、採購、處理到烹調、享用、評價等等過程，無一不受其置身之社會結構，即集體既定的「遊戲規則」所影響。比如說，不同文化裡「圍吃」與「分吃」的安排，其實反映了該文化之中家庭作為一個社會制度有多受重視；又比如，「台北牛肉麵節」如此受民間及官方重視，正因為「牛肉麵」是個十分管用的身份載體（medium），對當年退守台南的四川籍國民黨老兵來說，「牛肉麵」比身份證更能道出他們的族群身份。此外，「狗肉能不能吃？該不該吃？」的討論，也絕對可以帶出全球化發展的過程中，「東風西風，誰佔上風？」這議題。換句話說，飲食行為其實隱藏了大量材料，讓人思考個體在社會結構之中的種種際遇（encounters），從而學會從個人狹小的生活空間中洞悉整體社會的歷史，明白自身在集體當中的位置，繼而懂得如何安身立命。作為一位社會學者，筆者希望本書能對此宏願作出些微貢獻。

其次，香港既受嶺南飲食文化的長期薰陶，也受國際社會的飲食習慣不斷影響，慢慢發展出一套獨特的飲食觀念。港人理應早就擺脫填飽肚腹的階段，然而，在金融社會緊張的生活節奏下，港人對飲食的要求似乎有下降的趨勢。更令人感到可惜的，是飲食行為中豐富的社會意涵也遭忽略了。因此，本書希望拋磚引玉，再次引起相關的討論。

最後，近年本港教育鼓勵多角度思維，培養能獨立思考的下一代。而日常的飲食行為，就是一個十分適合的切入點，本書期望可以提供一些可用作討論的材料。

本書每篇以一個飲食課題為起步點，可以是食材、烹調方法、食制或食肆，從而透視飲食行為背後的社會元素。為免本書淪為紙上談兵，每篇論述文章後面都會附上小錦囊，內容以應用及趣味為主，可以是烹調心得、延伸閱讀或思考課題。

本書成事，要感謝很多人。姚永康兄的邀請、鼓勵和諒解，自不待言。感謝爸爸在多番考慮之下，還是認真地為我撰寫序言。頌欣和我同樣是煮癡，感謝她為本書提供創作意念。子慧自稱「飲食王語媽」（懂秘笈，不懂武功），感謝她為本書初稿校對。其他來自酒肉朋友們的支持，在此也一併道謝。外婆是我的飲食啟蒙老師，像我今天的愛煮，都拜小時候隨她到菜市場溜躂、和在家裡廚房門縫偷看她煮菜所賜。寫書的時候，感覺就像回到兒時，挽著外婆的手呷六安茶一樣。想她現在必於天上享受著一道道的盛宴。

馮一冲
2011 年 4 月

自以為序的序

香港，經過三年零八個月的日佔時代。回憶當年當順民的非人生活，不禁唏噓再三。

和平了！天亮了！復活了！孩子們有幸，能受惠於一個比較完善的教育制度。

小兒一冲，最近更擬出版一本有關飲食的文化書本，並強邀我為他作序。幾經思量，惟有誠惶誠恐地寫了這篇自以為序的序。讀者諸君，萬勿以此見笑為荷！

財富是每個人都追逐的東西，自是不容爭辯。孩子們有多少財富，我是不知道的，也無需要知道。但是他們的才幹，我卻很清楚。因為他們的才幹資源，是源源不絕地在背後給他們供應的。原因是天主永遠與他們同在！

感謝天主！

願天主保佑我們！

馮博彥

2010 年 4 月

（作者按：爸爸在序文成稿不久後息勞歸主。生有時，死有時。雖未能把成書獻給他，但他是個豁達的人，做事從來只問耕耘，想必不會放在心上。）

目錄 •••••

ⓐ 把社會吃掉

01 /**010**

02 /**018**

03 /**026**

04 /**034**

05 /**042**

06 /**050**

07 /**058**

目錄 •••••

Ⓑ 被社會吃掉

吃掉社会。

❸誰被誰吃掉

自助餐的消費者希望得到最大程度的掌控，
但事實卻相反，
當他決定吃自助餐的那一刻，
就把整個飲食的掌控權雙手奉上，
任由廚師及餐廳把任何食物放在碟子上。

01

01

聖誕要吃、過年要吃

百搭「布菲」

有沒有這樣的經驗？幾個人為了慶祝某些節日，商量究竟要到那裡搞個飯局。最好要滿足所有人對食物的要求，要同枱食飯各自修行；要人人有「say」；要多選擇；要中西合璧；要吃多少有多少；要呆多久能多久。一輪理性與感情的拉扯過後，最後的結論是：吃「布菲」（香港人對自助餐本字「buffet」的簡稱）。

相信沒有一個城市的居民，會像香港人一樣對「布菲」有種近乎宗教信仰的忠誠。無論新年、聖誕、中秋、生日、紀念日、早餐、午餐、早午餐、晚餐、下午茶、宵夜、中式、日式、意式、韓式，甚至甜品、咖啡、紅酒、海鮮、燕窩、鮑魚、意粉、點心……通通可以成為「布菲」的主題。如果不曉得哪裡的食物美味、價錢合理、環境怡人的話，別擔心，各大小媒體會定時推出「布菲攻略」，並附詳細食評，圖文並茂。有些媒體更每年舉辦「最划算布菲」選舉，讓同好可以按圖索驥。

問題是，這麼認真地對待一個食制，背後的推動力是甚麼？是甚麼力量，讓千千萬萬「布菲」信徒甘心俯首膜拜？我想，這與「消費社會」的本質不無關係。

雙贏背後
●●●●●

20世紀法蘭克福學派的社會學家，對於消費社會作過詳盡分析。這一群學者受馬克思傳統的影響，對資本家施加在大眾身上的剝削尤其痛斥。他們認為，消費社會的存在，根本是因為資本家想利用種種商品在大眾身上榨取暴利。而消費行為也是一些經過精心設計的愚人手法，目的是製造假象，讓消費者以為自己有選擇，以為自己掌控生活。然而，正正是這種被稱為「虛假意識」的表象，使大眾看不見自己正被剝削。

這樣說可能有點沉重，就拿自助餐作例子吧，當然這是從消費社會的理論角度去談的，未必能配合消費者的主觀感受。

首先，從餐廳的角度而言，自助餐是盤十分划算的生意。表面上看，消費者往往認為自助餐是物超所值的，比如說，付費300元，吃回零售價400元的食物。然而，消費者不常問的是：如果自由點餐（亦即所謂「散叫」），你真的會點這些售價400元的食物嗎？其實這個機會十分微。正因為平常不會如此豪吃，才更有誘因，想在自助餐中吃得豪氣一點。然而，一般餐廳的「食物成本」（food cost，即除去薪金、設施、租金等之後，食物材料成本所佔餐牌價錢的百分比）是20%左右，即單點價400元的食物，成本約為80元。如果自助餐收費300元，毛利就是220元了。雖然，這好像比消費者自由點餐400元的毛利320元為少；但在自助餐之中，往往是以銷售量去攤分既有的成本，同時也增加邊際利潤，即是所謂的「薄利多銷」。所以，自助餐的安排，表面上能為雙方創造雙贏（當然，餐廳一方的得益其實會比較大）。因此也不難明白食客為何樂意沉醉於這種「著數」之中。

真有選擇嗎？
●●●●●

然而，既然甚麼食物都可以在自助餐中出現，那就是說，供應者絕對可以按「實際需要」決定把甚麼樣的食物擺放出來。除了是否配合主題

外，廚房當然還會考慮當季的特價食材。如果是酒店的自助餐，就更會考慮酒店內其他食肆有沒有賣不去，而保鮮期快過的食材等。也就是說，消費者「有眾多選擇」只是個表象，其後的種種由餐廳操控的因素，並非能在桌上見到。如此，可以看見一個其實算是十分諷刺的圖象。原本，自助餐的消費者希望得到最大程度的掌控，但事實卻相反，當他決定吃自助餐的那一刻，就把整個飲食的掌控權雙手奉上，任由廚師及餐廳把任何食物放在碟子上。看著消費者一個一個排著隊把碟子端上，可真夠發人深省。

除此之外，廚師還能用其他手法，決定消費者在自助餐之中先吃甚麼，後吃甚麼，甚至吃多少和吃多久。比如說，近年十分流行的「一口份量」（bite-size）於各大酒店的自助餐之中隨處可見。酒店方面還可以捧出一個站在道德高地呼喊的堂皇理由：「環保！惜福！」（真的，對方已在高地，你還能怎樣？）如此，廚師絕對可以用兩塊一公斤的三文魚柳應付一晚300人的場面。再者，廚房補充食物的速度，及是否以同等貨色補充，又是另一個操控點。別以為廚房必然全程採用相同的貨色。在自己曾經工作過的廚房裡，我就擺過132陣式。即第一輪是頭等貨，第二輪是三等貨，第三輪是二等貨。理由是，第一輪頭等貨搶灘，俘虜了一批支持者，先贏口碑，證明物有所值。第二輪人數比較少，吃得出品質高低的百分比不多，不必用上等貨，三等貨當應付有餘。等到食客察覺得出有異樣時，早已是觥籌交錯，杯盤狼藉，用二級貨色準可應酬尾輪那些經已飲飽食醉、味蕾不怎麼敏銳的食客們。

另外，如果所預備的食物份量不多的話，又如何撐下數個小時？那太容易了！只須用不同種類的食物，少量地作「梅花間竹」擺法，再把食物的名稱換上，就可以瞞天過海了。說不定還可以給顧客一個驚喜，感覺食物種類繁多，任君選擇呢！這一招釜底抽薪，真的十分管用。

這些掩眼法，是所有廚師都懂得使用的伎倆。在這裡也不是要出賣同行，只是想藉此說明一件事，就是在消費行為之中，消費者往往在不知不覺間失去了自主，誤以為有選擇（choice）等於有自主（autonomy），完全被轉化成為一台沒有思想的消費機器。

沒有思想的消費機器
♦♦♦♦♦

其實，這種以消費為上卻失掉自主的現象，也出現在美國社會的消費群當中。對此，美國社會學家米爾斯（C. Wright Mills）提出了十分辛辣的鞭撻。他認為當下的消費者，特別是中產階級已變得麻木無知，「作為個體，他們沒有道德防線；作為群體，他們變得政治無能，任憑生產商模塑。」這種短暫的消費滿足感，使中產階級除了消費之外，變得一無所知。用米爾斯的比喻，最叫美國人毛骨悚然的夢魘，就是這群原本是國家希望的中產階級，慢慢變成「一群快樂的機械人，無知地滾向地獄。」（"a society of robots unaware that they are tumbling down into a social hell"）這當然是幅十分戲劇化的圖象。但也足以說明當消費者失去自主，失去操控的時候，不只他自己，就連整個社會都會變得前途黯淡。事實上，這也特別值得那些自鳴得意、抓著「吃喝攻略」的老饕們反思一下。

延伸閱讀
♦♦♦♦♦

C. Wright Mills, (1951). *White Collar: the American Middle Classes*. New York: Oxford University Press.

A. Warde, (1997). *Consumption, Food and Taste*. London: Sage Publications Ltd.

自主自助餐

要自主，不如自己動手弄自助餐，真正做到「自主自助」。當然，要做大菜式自然有難度，總不成自己弄「煙燻三文魚」吧！但弄一個「小吃自助餐」倒也不難。

在意大利及西班牙菜系裡，下酒小吃是個十分重要的部份，前者稱為「**Antipasti**」，後者稱為「**Tapas**」，都是酒館裡為「歡樂時光」的客人弄的簡單小吃。以下提供的簡單小吃，絕對可以在一小時內完成整個烹調過程，而且材料及煮食方法可以自由配搭，真正做到自主自助。

1. 烤大冬菇（Grilled Portabello Mushroom）

大冬菇在大型街市有售，價錢每個 20 元左右，直徑約有 10 公分。買後保持乾爽，如有污泥，只需用濕布輕抹，切忌水洗。用胡椒、鹽及橄欖油輕抹後，放焗爐內烤。當大冬菇發出香味，應有少許汁液滲出。把汁液加入意大利陳醋（balsamic vinegar）及橄欖油。再澆於切片的冬菇上即可。此小吃可熱食，也可凍吃。

2. 香草辣腸（Herbed Chorizo）

西班牙辣腸（chorizo）是十分管用的一種食材，分鮮製與乾製兩種。前者適用於乾煎，後者味道較濃，可以即吃。建議使用前者。把辣腸切成半公分厚度。加入碎香草，香草可選羅勒（basil）、鼠尾草（sage）或百里香（thyme）。在焗爐中烤。留意如果辣腸略乾，可在烤焗前加入少量油。

3. 薯仔肉腸蛋餅（Tortilla）

Tortilla 在西班牙菜裡指的是蛋餅，也就是法國人的 quiche，英國人的 omlette，中國人的炒蛋。但 tortilla 在墨西哥菜系卻往往被理解為粟米脆片，用以配合芝士醬就成為 nachos。蛋餅的做法相當簡單，將肉腸切片煎熟，薯仔烚熟切片，洋蔥切粒炒熟，磨菇切片炒熟。一切放涼後，混入雞蛋拌勻。由於此小吃主要是用雞蛋作黏合劑，吃的是其他材料，所以不必放太多雞蛋。將混合物放平底鍋中火煎至金黃色，下調味即成。

4. 銀魚柳炒雜椒（Sautéed Bell Peppers with Anchovies）

銀魚柳（anchovies）是意大利的小鹹魚，也可以見於其他地中海國家如法國、希臘、土耳其等菜式裡。把銀魚柳搗爛與橄欖碎混和。雜椒切絲，油鑊下蒜蓉，加入椒絲。再加入鹹魚和雜椒爆炒即可。

5. 烤車厘茄（Grilled Cherry Tomato）

用刀於車厘茄上「劃」一下，不要切斷。加鹽、胡椒及橄欖油調味，再加入切碎了的迷迭香（rosemary）。烤焗至略軟即可。

每一樣食品都有它背後的含意，
而這意義早已經超出食物本身的形體。
也就是說，祭禮的參與者所看到並與之互動的，
再也不是食物本身，
而是它所象徵的那個意義。

02

02

拜神唔見雞？

食物是符號

食物是很多宗教祭祀裡邊的點題項目。像道教的祭祀裡，就有所謂「三牲五果六齋七味」之說。三牲是全豬、全雞、全魚；五果是香蕉、李子、鳳梨（菠蘿）、米糕、花生；六齋是冬粉、木耳、香菇、筍乾、金針、桂圓、薑、糖、紫菜其中六種；七味是油飯、豬肉、酒、麻油雞、湯圓、甜米糕、花生湯、桂圓、紅蛋、蓮子其中七種。此外，道教的祭禮裡邊也採用清茶、甘蔗和鮮花。所以，廣東人說「拜神唔見雞」即為事情做得亂七八糟，把當中最重要項目都漏掉的意思。

別以為祭品多樣是繁文縟節，其實它們都有所指。比如豬雞魚都要挑全體，以謂面對神明，得全心全意；五果代表招（蕉）、你（李）、嚟（梨）、高（糕）、升（生），而「飛升」就是得道的證據；清茶代表清心陶情，去雜皈依之意；鮮花則代表華美。作為標記、符號和象徵，每一樣食品都有它背後的含意，而這意義早已經超出食物本身的形體。也就是說，祭禮的參與者所看到並與之互動的，再也不是食物本身，而是它所象徵的那個意義。所以，雖然清心不在那杯清茶裡邊，但放在神明面前的、看在信徒眼裡的，卻的的確確是「一盞清心」。這種狀況，正好說明了甚麼是「符號互動理論」（symbolic interactionism）。

米德與布魯默
◆◆◆◆◆

先説社會學在美國發展的歷史。那是所謂「結構功能論」（structural functionalism）與以哥倫比亞大學為基地的「量化研究」（quantitative research）盛行的戰後年代。前者注重對社會結構的研究，認為社會結構（即一切規範與制度的總和）是決定人類思想行為和價值觀的根本元素；而後者則強調社會學是一門建基於數據的科學，因此必須以量化研究為一切主張、看法和理論的基礎。原本兩個陣營都有其寶貴之處，但也不約而同地埋沒了人作為個體的自我意識，彷彿每個人只是、也只能完全被動地任由規章制度去擺佈自己。「符號互動理論」正正要補充這個缺失。當中的倡導者米德（George H. Mead）和布魯默（Herbert Blumer）都認為，在一切社會活動裡，人並不是被動的個體，而是主動的參與者。當然，文化跟社會結構可以左右行動者的起步點。但任何外在的因素，都必須經過行動者的注意、過濾與演繹，才可以充分地解釋行動者外在的行為和反應。

吃豬吃出決志來
◆◆◆◆◆

這個理論的前提是人類對身邊的事物會本能地賦予意義，並且因應這些意義作出相應的行為。但是，這些意義並非偶然得來。某個事情、物件、動作、語言、情景及地點所代表的意義衍生自人們的互動及磨合。同時，這些意義並非永恆不變。事實上，幾乎在每次互動過程當中，人們也會按當時的場景（context）對這些意義重新演繹並且產生新的意義。這演繹也不是單向和單次的，它是一個不斷循環的過程。在場景中，行動者演繹事物，也演繹其他的行動者，從而產生新的意義，這意義也使行動者和其他人改變目前的狀況，新的場景隨之誕生。這過程又重頭再開始。

比如説「全豬」這個符號。食物的本身就只是一頭煮好的豬而已，並沒有其他可見的「內容」。在其他的場景下，人們留意的可能只是它的外形、味道、顏色、香味和口感。然而，在祭祀這種特定的場景之

下，參與宗教儀式的行動者就會主動把「全豬」這個概念過濾，把當中「全」的元素放大，同時把「豬」的元素縮小。並且為「全」這元素賦予「全心全意」的意義，這意義也透過對神明的共同信仰傳給其他信徒。信徒之間彼此互動磨合後，同意這意義並以此作為食物（豬）在這個場景中的角色。所以，如果在祭祀以後，信徒一起享用這頭豬的話，他們吃進肚子裡邊的，就不光是豬肉，更是一種忠於神明的決志。

砧板與黑板
◆◆◆◆◆

人類符號互動的威力，最明顯的例子是語言跟形體的運用。這一點，我曾經親身驗證過。

那是還在為博士論文搜集資料的日子。由於論文主題跟廚師工作有關，我找了一家酒店的西餐廚房當研究場景。然而，廚師是個奇怪的族群，專業的訓練使他們習慣了沉默工作，因為所有的廚房工具，使用時稍不留神，都可能變成致命武器。所以，他們大部份工作時間都是撼著嘴巴的。由於必須培養團隊成員之間的默契，而且工作時間長，下班後廚師們也只會跟自己人來往。就算跟外行人有接觸，也不會講太多工作上的事，反正廚房術語別人也聽不懂，而且外行人也未必習慣夾雜髒話的談話方式。這種種因素加起來，使搜集資料特別困難。還好我曾經在廚房工作，不算外行人，而且也聽得懂他們的術語，融入這個圈子不是問題。話雖如此，我不拿工資（那是大學對我研究生身份的限制），不計較工作時間長（我跟他們的工作時間一樣），甚至下班以後還跟他們混（吃宵夜、打球、遊船河、看電影）。要贏得他們的信任，讓我在深入訪談時候拿到真確的資料也花上了好些功夫。曾經就有同事懷疑我是酒店管理層派過來摸他們底的密探。所以，為了跟他們混熟，在搜集資料的幾個月裡，每星期有三天回廚房工作，三天在大學為本科生帶領導修課，剩下一天整理資料和跟論文導師見面。老實說，那幾個月確是有點精神分裂。主要原因是廚房跟大學是兩個截然不同的世界，兩個世界都有自己特定的場景和用語。砧板與黑板，很難相遇。

市井髒話與學術用語

◆◆◆◆◆

廚房是個陽剛氣特別重的地方，男人當道；講紀律，不講道理；説髒話，不來客套；早上見到同事，都用髒話問好；塞你一拳，是當你自己人；大聲説話不表示沒禮貌；早上吵到面紅耳熱，中午又再稱兄道弟。

大學原則上主張兩性平權，但唸社會學的、特別能進研究院深造的，不知道為何都是女生居多。説髒話（包括諧音）是大不敬，很容易惹上「性騷擾」的醜聞；身體接觸可免則免；表達立場講邏輯，分析問題拿數據；不管是否「有諸內」，至少禮貌文明要「形諸外」，大聲説話要不得；就是不同意你的論據，也得拐個彎説那個課題或許有另一個理解的角度；骨子裡是研究經費的競爭者，表面上還是學術交流的好夥伴。

這兩個世界幾乎沒有交錯的地方。所以不論在語言、形體、思維、表達方式各方面，都得看場景而小心互動。對廚房的師兄弟（廚房裡邊同事們的互稱）不能説，「我不明白如何梳理這個菜譜的文化意涵」，乾脆講「這菜怎麼會這樣做」就好了；「如果我們把食物成本控制在相對合理的水平，那麼邊際利潤就有機會向上調」這麼長的一句話，翻譯成廚房語言是「用便宜貨能多賺一些」；「角度」變成「看法」；「脈絡、思路」是「想法」；「時間管理」是「爽手」；「控制情緒」是「發完神經病了沒有」；「我們大概沒有太多合作的空間」就是「我不幹了」。

反過來，在大學裡邊，得用上另外一套語言。「他比他窮」很多時候翻譯成「他們兩人處於不同的社會經濟地位」；「下木瓜汁醃，牛肋骨肉就鬆軟」變成「木瓜汁的果酸，能有效幫助分解牛肋骨肉內的複雜蛋白質結構」；「我要加薪」是「勞方認為工資水平還有上調空間」；「睬你都傻」等於「我們沒有共識」。

穿梭兩個世界的社會學者
◆◆◆◆◆

那幾個月的經驗告訴我,當兩個世界沒有重疊的餘地時,當中的空間就是做學問的處女地(academic virgin land,看!我又用學術語言了!)事實上,「符號互動理論」提出,事物只在一個特定的場景內,才會有其特定的意義。所以,意義、原則、道理,本身只能在有限的領域內運用。社會學家,就是拿著專家世界的量尺,離開象牙塔,跑到平民百姓的世界裡邊做研究。然後來回穿梭於兩者之間,企圖建立某一種能把兩個世界拉近的聯繫。聽起來真有點詭異,也有點吃力,但如果這樣真能夠做到點學問,我精神分裂的那幾個月就算沒有白費了。

延伸閱讀
◆◆◆◆◆

佘雲楚(1999),〈符號互動主義:觀點與方法〉,載於謝立中編,《西方社會學名著提要》,台北:米納貝爾。

廚房術語

1. 曬煙肉
把煙肉放在由上面發熱的烤爐烤熟。

2. 墊低一半
把湯汁放在爐頭上用中火加熱蒸發,直到份量剩下一半。

3. 打湯
從原始材料開始準備上湯。

4. 馬士薯 (mashed potato)
薯蓉。

5. 脆薯 (harsh brown)
炸或者煎薯餅。

6. 綠汁 (pesto)
用蒜頭、烤松仁、橄欖油、羅勒、菠菜及鹽混和搗成的香草醬。

7. 白汁 (Béchamel)
用牛奶、洋蔥、丁香、豆蔻、麵粉和牛油煮成的醬汁。

8. 啡汁 (Espagnole)
用骨頭、洋蔥、甘筍、西芹、大蔥及香葉煮成的醬汁。

9. 荷蘭汁 (Hollandaise)
用牛油清、酒醋、蛋黃、檸檬汁打成的醬汁。

10. 波椒 (bell pepper)
燈籠椒。

11. 射波
無故曠工。

租客要生存，「自然」要控制成本，
食物「自然」加價，品質「自然」下降，
一切都來得很「自然」，無容置疑。
食肆要生存，就只能如此？
人要生存，也只能如此？

03

03

美食天堂北移
與文明倒退

手工菜的美味體驗

偷閒往深圳書城購書，回程前在福田區一家菜館吃晚飯。同行朋友嗜辣，於是挑了家在口岸附近的湘菜館。淺嚐餐前涼菜「芹菜辣魚」後已教人口舌發麻。點菜的時候惟有摸著石頭過河，不再讓口舌受苦。於是點了幾個味道還算溫和的菜式，「籠仔糯米蒸排骨」、「酥炸銀魚土豆絲」、「蒜蓉粉絲蒸勝瓜」、「鮑汁煮海參菇」。

雖然說為了避辣，但挑這幾道菜，我還是有點部署的。這些都是材料不貴，卻考廚工的所謂手工菜。糯米跟排骨烹調時間不同，初段要分開調味和處理，後段才放在一起蒸熟，而且要有軟糯口感的話，必須放豬油，才能溫香軟「肉」。銀魚乾得先用黃酒浸軟，蒸熟再炸，薯仔絲要切得細，但要比銀魚稍微粗一點點，炸過後脫水才會跟銀魚大小相若。勝瓜當然要去硬皮，放在上面的是生蒜炸蒜混和的「金銀蒜」。此外，還得拿捏火力跟時間，火力太大，蒸得太久，放底的粉絲變糊，或者上面的勝瓜轉黃，一切就前功盡廢。海參菇算是容易處理，不容易爛，也不難弄得像個樣。可以斷定，大部份香港食肆都會因為害怕工序繁複而選擇不賣這些菜式。何況這些菜式沒可能賣得好價錢，邊際利潤毫不吸引。所以在香港，要吃這些菜式，難上加難，更別說烹調水平如何了。

其實，「到深圳開飯」這活動，早在「珠三角一小時生活圈」成形前，已靜悄悄進入部份香港人的生活日程裡。特別在週末，各口岸出現飯後回港的人潮，與北上度週末的人潮對沖，造就一幅港深人口交流的有趣圖象。隨著人民幣匯價攀升，在深圳用膳的花費，其實跟本地差不多。然而，同樣的價錢，在深圳能夠換至少高一檔次的飲食經驗，這不能不說是個對消費者十分大的誘因。和幾位廚師朋友談起這現象，他們有些看法。

百姓被逼吃垃圾？
◆◆◆◆◆

首先，內地跟本地食肆所用的食材不相伯仲，其中中式食肆尤甚，因為食材大多從內地各省市採購，價錢自然差不多。至於西餐廳，反正食材都是進口貨，成本也就相若。然而，本地食肆的食物成本（food cost）往往從大眾化檔次的百分之十幾，到高檔次的百分之四十幾不等，比內地食肆高出很多。加上工資的差距，食材的運輸成本相異等等，內地食肆在經營上的優勢，自不待言。

廚師們還認為，除了這些以外，租金高才是本地食肆水準下滑的元兇。本地業主有這樣一個習慣：租客生意轉好，店舖經營漸漸上軌道，便是加租之時。經營者無路可退，惟有將貨就價，降低成本，以此換取牟利空間。所以，不同檔次的食肆要保持物有所值的話，就只能選擇少賺點錢。但不得不承認，在商言商的食肆這樣做，需要挺大的道德勇氣。結果是，高檔食肆為了聲譽，也為了它們那群不好得失的食客，還能堅持貨真價實，但大眾化食肆卻只能投降。套用一位貧嘴朋友的話：「香港的平民百姓被逼吃垃圾！」

上面的論述，把美食天堂北移這現象看成是經濟考量的必然結果，表面看來似乎也沒有其他可能的死因。結案陳詞，頭頭是道，順理成章，皆大歡喜。

有趣的是，甚麼時候開始，分析社會現象，只從經濟考量出發，也只隨經濟考量結束？更有趣的是，當中「業主在租客生意慢慢上軌道後加

租」變成一個理所當然的邏輯。於是,租客要生存,「自然」要控制成本,食物「自然」加價,品質「自然」下降,一切都來得很「自然」,無容置疑。食肆要生存,就只能如此?人要生存,也只能如此?

人是物理存有,也是社會存有
●●●●●

社會學的一個基本假設是,人類不光是種動物,其生存還有一個社會幅度。當然,跟其他動物一樣,人類需為生命的存在而尋找食物和居所,也需為延續生命而千方百計地尋找交配對象。人類吃、喝、拉、睡,活脫脫是頭動物。從這個幅度上面看,人類當然是屬於「物理存有」(physical being)。但當人類從事這些活動時,形態又真的有點分別:吃要用食具,喝要看冷熱,拉要講衛生,睡要按心情;居所不只有瓦遮頭,成家立室的重點也不在房子本身;沒有亂找個對象交配這回事,必須情投意合,講究一點的還說彼此的世界觀、人生觀、價值觀要互相包容;還得在真正交配以前的一大段日子,雙方約會、瞭解、承諾,並且得到兩個家庭、朋友圈子及管治當局的認同,簽署文件,承擔法律責任,再搞個典禮,吃頓飯,小登科才算功德圓滿。在參與這種種活動時,人往往花掉最多的精神、時間、資源和能耐來滿足全社群對自己的期許,讓自己做個有教養、負責任、守禮法、懂承擔的社會一員。活動本身也常常會被賦予另外一種超越活動表面的意義。公司周年晚宴,是為了團結僱員多於大家吃頓飯;下班的歡樂時光裡,同事之間喝杯酒,只為聯誼,不為解渴;洗手間的衛生程度,不光是當地社會的經濟指標,也反映了公民素質;為了興趣,找份不定時的工作,工作時間都挪到晚上,日夜顛倒,睡眠雖然不足,工作卻著實愜意,這叫自我實現;買一套房子,不等於建立一個家庭,前者也許只為投資,後者是部署一種安穩的生活,讓人生充滿甜蜜。可以看見,更大程度上,人類是「社會存有」(social being)。跟動物的基本差別是,人類不會滿足於純屬器官層次的本能慾望,所以吃喝拉睡、找居所、尋伴侶等等早已被人類昇華為社會活動了。

衣食足，知榮辱嗎？
●●●●●

從文明的發展進程看，打從石器時代人類懂得運用工具的那一刻開始，我們就不斷地從自己的日程表裡騰出時間，從事其他非經濟生產的活動。特別在工業革命之後，科技騰飛讓人類釋放了大量原本用於生產的勞動力與時間。這些剩餘的勞動力和時間，讓社會科學及其他人文學科有足夠的條件迅速發展。「衣食足，知榮辱」。近幾個世紀的人類歷史，記錄了前所未有的、對自身存在環境的探討。原本，人類文明應該更有長足的發展才對，人類的生活應該「自然」的演變得更像人才是。不幸的是，當物質條件越發達，人類也大大地提高對基本物質要求：從有瓦遮頭，到設備齊全，到豪華會所，到海景山景，到顯現尊貴，到豪門府邸……不難想像，為了滿足這些擴大了的要求，人類得把原本省下來的時間精力都統統放回經濟生產活動上面，才可以挺得住不斷飆升的物質需求。結果是，我們似乎在走回頭路，從萬物之靈的文明人，回歸到惶惶不可終日、疲於奔命、掙扎求存的純生物。

我常常跟學生說，如果課室牆角的螞蟻會說話，牠大概會取笑我們這一大群坐在這裡你說我聽，交頭接耳，不在找食物、建居所、尋伴侶，不事生產的人類在浪費時間。但如果有一天，牠不再取笑我們的時候，只有兩個可能：要嘛螞蟻變成了人類，要嘛人類變成了螞蟻。你說哪一個圖象更有可能呢？

延伸閱讀
●●●●●

謝宜榮（2002），《地中海輕食》，台灣：積木文化。

Anne William, (1997). *Perfect Appetizers*. London: DK Adult.

「小確幸」溏心雞蛋

「小確幸」是我在朋友網頁上學來的一個詞兒,源自日本小說家村上春樹。朋友認為,太大的、虛無縹緲的幸福(像發大達、中彩票、天降橫財等等)不常有,但小小的、實實在在的幸福(像五官齊全、父母健康、家庭和睦、朋友愛護等等)就每天在身邊發生。別求「大虛福」,抓緊「小確幸」,才不負老天爺給我們的每刻生命。

我是個廚師,最會做一些細眉細眼的、能吃的「小確幸」,也好讓我在製作過程裡想想螞蟻的問題。「小確幸」菜單中的溏心雞蛋,是近期摯愛。

做這溏心雞蛋,最好用日本鹿兒島雞蛋,原因有待考究。曾經試過採用中國蛋、泰國蛋、德國蛋,甚至台灣蛋,都沒有做出很好的效果。日本雞蛋雖然比較貴,但算起來也不過幾塊錢一隻,絕對是划算到不行的「小確幸」。

雞蛋連殼放到蒸架上,大火蒸兩分半鐘(對對對,我說過從來不給時間和份量,這裡說的也是個約數,得視乎雞蛋的大小而定。確實的時間,得從練習領會),然後熄火焗一分鐘,再把雞蛋放冰水裡浸冷。此時輕力搖動,應該感受蛋黃的溏心。當你咬一口自己弄的溏心雞蛋時,蛋黃在舌頭喉嚨之間溜來溜去,才曉得甚麼是幸福。

茹素表示個人願意放棄一部份的自我，
從延續生命這種對動物的關懷，
提升到實踐一些更高的理想。
這種提升，
反映了人類的文明進步與啟蒙。

04

04

齋 Eating

茹一種素，由百種因

素食餐廳從來不是我那杯茶。我不反對人茹素，更加贊同飲食的選擇應該多元化。只是，自己特別受不了那些齋口不齋心的所謂健康素食餐廳。我就親眼看過這種餐廳裡售賣「齋梅菜扣肉」、「齋南乳炆鱔」加上「齋啤酒」和「齋滷味」。活脫脫是家齋菜版的羊頭狗肉店。何況，這些餐廳往往聘用一些自信不足，本身也不是茹素的廚師。他們想到食材是麵粉、香菇和蔬菜，心裡就害怕食味不能滿足那群也是「齋口不齋心」的食客。所以，不在烹調技巧和時間掌控等方面下功夫，只是不斷地加油（當然是素油）加鹽（也是素鹽）。最後，原本還可以清淡的齋菜變得油頭粉面，人妖不分。光是看在眼裡，也覺罪孽深重。

我不是一隻「吃肉獸」，也不特別愛茹素。但生於天主教家庭，自小習慣每年兩天守齋。一是耶穌苦難節，一是教會稱為「四旬期」（復活節前40天）開端的聖灰日（Ash Wednesday）。前者配合耶穌苦難主題，後者提醒生命的本質是「來自塵土，歸於塵土」，不必太過執著。茹素那兩天，教徒不吃熱血動物的肉，而且只會有一餐吃飽，兒童、老人、孕婦、病人可以寬免。天主教的信仰傳統認為，潔淨身心，空虛自己，

有助反省和完善自我。而這種克己修身的功夫，就能帶領人接近那真善美泉源的天主。茹素當天同時也要服務他人，特別是與人分享自己擁有的金錢、才幹和時間。因為透過服務身邊的人，我們才能明白那個看不見的神。

不同宗教之間也有類近關於不殺生的生活指引。佛教的「五戒」，即「不殺生、不偷盜、不淫邪、不妄語、不飲酒」，除了喝酒，其他四項跟天主教十誡裡的「毋殺人、毋行邪淫、毋偷盜、毋妄證」一模一樣。即使沒有宗教信仰，也有人因為尊重生命而茹素。茹素的程度當然也有分別，有人不吃紅肉，有人連白肉和海鮮也不吃，更有人基於對生命的執著，堅持只吃自然掉到地上的熟透瓜果和蔬菜。因為一天它們不自然離開母體，一天也是元壽未盡，命不該絕。硬把它們摘下來，就等同謀殺。茹素也往往跟反戰思想及溫和的社會運動扯上關係。當然，也有人因為個人的健康理由而選擇茹素。

「東」啟蒙與「西」啟蒙
◆◆◆◆◆

無論為甚麼茹素，因為一些理念而選擇在食譜裡剔出某些食材是個十分有意思的決定。茹素表示個人願意放棄一部份的自我，從延續生命這種對動物的關懷，提升到實踐一些更高的理想。這種提升，反映了人類的文明進步與啟蒙。西方自16世紀以降的啟蒙運動（The Enlightenment）究竟完結了沒有？到今天還是個值得商榷的問題。但西方的啟蒙跟東方的啟蒙，就肯定有頗多不同之處。

西方的啟蒙運動，挾著工業革命與宗教改革的勢頭。其理念是人類乃萬物之靈，理應比動物有更高層次的追求。工業革命賦予人們改革的力量，宗教改革就為這種改變提供宗教支援。人類要生存得更久更有意義，就必須改變大自然和抗衡其中的一些定律，才可以創造持久的生存環境，才可以長存久安。然而，人類在改變外在環境的過程中，自己也不知不覺地被環境改變。由這種思路出發，我們大概可以瞭解為甚麼西方的科技發展，都打著為人類謀福利這個旗號。所有能改變外

在環境、讓人類生活更方便、能騰空更多精力從事思想工作的科技發展，都直接指向幸福。但科技發展、人類文明發展的同時，也必須堅守道德底線。以猶太基督教傳統為主流的西方，這條道德底線就是天主、上帝、耶和華的教誨。因此，發展科技的同時，也發展了法治精神（rule of law）。簡單地說，人類守法，是因為在他們之上還有一個更高的、更善良的、有位格的「神聖存有」（divine being）給他們的行為打分。

狹義而言，東方的啟蒙，究竟有沒有開始還是一個問題。首先，我們未曾經歷過像法國大革命那樣翻天覆地的、改變人類思想、體制，乃至於生活架構的巨大歷史事件；我們也沒有經過那種將人類的自信提升至與天齊高的工業革命。而且自西漢武帝以降的儒家傳統，也從來沒有一個「神聖存有」出現過。「舉頭三尺有神明」是口頭禪，但那個（些）神明到底是甚麼模樣，與人的關係如何，就從來沒有認真地去探討過。因為「未知生，焉知死」的懷疑態度，使人把注意力集中在當下的生活裡。東方當然也有探討自身的發展，但跟西方不同，發展的方向不為改變外在的環境，卻是反求諸己，是一種內省的功夫。所以先得「誠正」，方可「修齊」，才能「治平」。而道德規範是一種以「仁」為中心思想及價值依歸的生活指引。它要求個體瞭解人的幸福，並以此作為行動的守則，不為籠絡那天上的存有，以求善報。只因為必須如此做，才能滿全人之為人的根本意義。「仁者，人也」。

個體與集體
◆◆◆◆◆

其實不管東方西方，啟蒙的一個根本相同之處，是兩者都確定了個體存活在集體當中，而集體也體現了個體的存有。社會學鼻祖之一的法國社會學家涂爾幹（Émile Durkheim）就曾經為此研究了人類的自殺行為。

跟他的徒子徒孫社會學家一樣，涂氏特別愛拐個彎說道理。他研究自殺的目的當然不是那麼簡單，其實是要回應當代日益高漲的「個人主

義」（individualism），涂氏感受到個人主義的興起漸漸使社會整合變得困難。個人當然重要，但必須放到社會及道德的脈絡當中，才能彰顯其意義。因此，涂氏想證明，即使是自殺這種一般認為是十分「私人」的決定，也不能脫離集體的參與，以此說明集體與個體之間那種唇齒相依的關係。在翻查自殺人士的個人日記與病歷，以及與死者的家人訪談後，涂氏做出了大膽的結論：團體在不同程度上參與了個人的自殺決定。換句話說，嚴格來講，根本沒有自殺這回事。所有的自殺，某程度上，都有「他殺」的成份。

個人生死，集體插一手
●●●●●

涂氏認為由於個人必須一方面調節自己在集體裡的定位，另一方面要融入集體之中，才能安居樂業。所以，就著這兩個層面，他把搜集得到的個案分成三類：第一類他稱為「自我式自殺」（egoistic suicide）。就是個人的自我強到不能成功融入集體，因此，每當遇上變故時，個人都沒有分享的對象，容易變得憂鬱而失去生活下去的動力，這往往使個人容易走上自毀之路。但是，當個人過份融入集體時，也可能造成問題。那就是前者的相反，個人的獨特性及身份被隱沒於集體之中，集體的需要變得比個人的利益更加重要。當集體的安定受到挑戰時，個人就會不惜一切去捍衛集體的利益。

當「集體感」因為某些原因消失後，個人再看不到存在的意義，或許會選擇結束自己的生命來作解脫。這種「利他式自殺」（altruistic suicide）常見於戰爭之中。戰場上的士兵會為報效國家而犧牲性命，當國破家亡的時候，也會有人甘願殉國以明志。此外，如果上面兩種自殺與融入集體的過程有關，那麼第三種自殺就關係到另一個面向，就是如何為個人在集體中定位。因為個人不可能單獨存在，他必須透過參照集體的榜樣，才能知道自己如何自處。很多時候，這些參照對象來自朋輩。比如說，自小生於富裕之家的人，一旦家道中落，霎時間會不知所措，想到究竟應該如何過平民百姓的生活，也想到身邊根本沒有這樣的朋輩，這個失去參照點的狀態，涂氏稱為「失範」（anomie）。

個人在這個時候，往往會因為失範而陷入極度焦慮的狀態，也會容易結束生命以求解脫。這就是「失範式自殺」（anomic suicide）。

上面說的，聽起來有點心寒。我的出路是：多點為別人下廚，大夥兒一起吃。甚至誰喜歡吃甚麼，就帶點甚麼赴宴。人人為我，我為人人。這既解決定位問題（和訂位問題），也讓個人和集體保持一定程度的融合，不亦樂乎？

延伸閱讀
◆◆◆◆◆

馮韻文譯（1996），《自殺論：社會學研究》，北京：商務印書館。（譯自Émile Durkheim, *Suicide : A Study in Sociology*.）

小錦囊

齋菜四小碟

齋菜不一定味淡,花點心思,也可大快朵頤。有位好友血糖高、血壓也高,每次宴請他,我都會特別做些齋菜。以下是常做的幾個:

1. 炒薯仔絲

薯仔分兩種,一種澱粉含量高,外皮粗糙,顏色較深,稱為粉薯仔(starchy potato),適合做湯,或者是英式的焗薯仔(jacket potato);另一種澱粉含量較低,外皮光滑,表面像擦過一層蠟,稱為蠟薯仔(waxy potato),適合煎炒。做這個菜,要用後者。把薯仔、甘筍、香菇全部刨絲。薯仔絲放冷水中沖去澱粉,可以避免結成一塊。大火下油鍋把所有材料爆炒,下胡椒和鹽調味,不是嚴規茹素者也可以放點魚露,看見薯仔絲變成半透明即成。

2. 炒玉米粒

新鮮玉米粒和洋蔥粒大火下油鑊爆炒,下胡椒和鹽調味即成。如果怕掌握不到玉米粒的熟度,可以把它們先蒸五分鐘,但色澤可能會較差。

3. 素菜包

粉絲浸軟,甘筍、香菇、沙葛切幼條後,大火下油鑊爆炒,下調味,最後下粉絲。盛起待涼備用。包心菜葉(椰菜葉)燙軟,放菜葉於小碗上,放進炒過的材料。像弄包袱的方法包好材料後,反扣碟上。大火蒸三分鐘,埋玻璃芡上碟。這菜也可以做成素菜卷。

4. 姬松茸蜜棗甘筍湯

做法自明。姬松茸味濃,就算不放肉,湯頭也和味。

說穿了，
這種自我變奏，沒有地道材料，
卻在做法上動腦筋的態度，
正好反映了這個城市怎樣在沒有天然資源的背景下，
靠著動腦筋而打出天下的一段歷史。

05

9 789620 430763

食物節與身份認同

移植牛肉麵

台北每年都舉辦牛肉麵節,別以為這只是商人刺激消費的玩意而已。牛肉麵節乃由台北市政府主辦,自2005年開始已經舉行了六屆。2009年那一屆更歷時兩個月,活動繁多,除了重點的牛肉麵冠軍店舖選舉,還有寫作比賽、區域店舖比賽、大廚選拔賽、烹飪教室、嘉年華會等。主辦當局還隆重邀請名廚作家、美食家組成評審團,民眾也可以參與投票活動。更仿效國際盛事的做法,設計卡通吉祥物作為活動的宣傳代言人。這活動每年吸引不少本地民眾和遊客參與,除了為業界帶來商機外,它已經成為台北民眾每年期盼的一項盛事。

翻閱牛肉麵的來台歷史,知道它源自四川。國民政府退守台灣時,同行的有不少原籍四川的軍人,他們到了台南駐守後,為解鄉愁,總會在過時過節弄一碗家鄉的牛肉麵。各人的家鄉秘方不同,自然發展出各種口味。後來牛肉麵隨著軍眷接觸當地人而慢慢變成流行小吃,牛肉麵也開始在台南以外地區有不同的發展,台北也開始出現自己口味的牛肉麵。由此觀之,牛肉麵原來是種「移民食品」,盛載著早期「外省」移民來台的生活點滴,和他們跟「本省」民眾的磨合歷史。

面對這種本地人與移民的雜處狀況，再加上原住民的身份訴求，國民政府當然明白管治上可能遇到的困難，過去幾十年大大小小的社會騷動正好說明了這種不同族群共處所帶來的問題。面對這樣的挑戰，政府選擇了以文化作為團結民眾的手段。只有在所有族群認同的一個文化底下，民眾才能培養歸屬感，乃至建立共認的集體身份。且看牛肉麵節官方網頁上的一段介紹：

> 牛肉麵是台灣獨創一格的代表性美食，長久以來，不僅深植台灣飲食文化，成為廣大民眾日常享用的國民美食；更以其獨特風味享譽國際、深受各國觀光客喜愛，知名度與日本的拉麵並駕齊驅。

> 台北市則因歷史與人文的因緣際會，匯集了大江南北、各式流派的牛肉麵風味，牛肉麵店的數量及密度更高居全台第一；同時許多歷史悠久口碑一流的知名牛肉麵店，更早與台北的發展與脈動相聯結，成為許多老台北人、甚至台灣人的共同美食記憶。

> 為了更有系統突顯台北市牛肉麵產業的特色，追溯及保存台北特有的牛肉麵文化，向各種年齡、不同國籍的食客推廣牛肉麵的品味之道，我們在承辦了有史以來首屆的「2005台北牛肉麵節」之後，決定將一路所見所聞、累積而下的種種，藉由網路延續傳承而下。

這是一段寫得十分巧妙的文字，把牛肉麵與台灣飲食文化接上，將源自移民的思鄉小吃變成代表「本地人」身份的「國民美食」，甚至與別國的國食並駕齊驅。一段內戰的歷史，成為「歷史與人文的因緣際會」，蓋過這段歷史的，就是牛肉麵為民眾帶來的「台灣人的共同美食記憶」，這種移植過來的共同記憶甚至值得民眾共同努力地「延續傳承」。於此，改寫牛肉麵文化意義的工程大致完成。

慶祝收成喝啤酒
◆◆◆◆◆

類似以食物為主體同時盛載文化意義的節日也可見於其他地方。比如說德國慕尼黑的啤酒節。

原本的啤酒節，多在9月舉行，是農民和漁民在秋收以後，拿收成到城裡換取生活所需後的慶祝節目。一年辛苦，當然值得輕鬆盡興一番，唱歌跳舞，大口肉大杯酒，是勞動人民最原始的慶祝方式。到了1810年10月，巴伐利亞王子路德維希一世和薩克森公主特雷莎的婚禮慶祝活動擴展到民間，就把原來的秋收活動跟這皇室慶典結合起來，加進了遊行、比武、嘉年華會等等與農耕捕魚生活沒有關係的項目。至於節日食品，就由廉價的啤酒、薯仔和燒豬肉，換成香腸、煙肉、烤雞、燒豬手和講究口感、麥味濃郁、酒精濃度甚高的Wiesenbier啤酒。節日也從每年的9月秋收月份，改為如今的10月。所以德語稱這個節日為「十月節」（Oktoberfest）。

現在，不光是慕尼黑或其他德國的城市，甚至在加拿大、美國、巴西、阿根廷、越南等有德裔人民旅居的城市，都會舉行大小規模不一的「十月節」。彷彿喝幾杯濃味啤酒，吃幾口香燒豬手，世界各地的日耳曼人民就會跟他們的祖先相遇一樣。的而且確，跟德國人民交往過的人都會同意，這個民族刻苦耐勞，平日做事一絲不苟，甚至有時嚴肅得叫跟他們合作的人焦慮，以為自己不夠水平，惹得德國同伴眉頭緊鎖。原來放下工作，進入狂歡狀態之中的德國人民，可以如此釋放自己，暢所欲言。像那次跟我的德國同事晚飯，喝了幾杯就開始討論香港社會的種種現象。大家都毫無保留，暢所欲言，論據上拳來腳往，説個不亦樂乎，當中當然還夾著幾句髒話，以加強語氣。我們越説越大聲，還嚇得他的華裔太太以為我們在吵架！

從啤酒節到「十月節」，從平民節日到官方慶典，從漁農豐收到民族性格，慕尼黑的經驗，又再一次證明食物盛載文化底蘊的能力。

那麼，如果要為香港搞個食物節日，以盛載本土的文化經驗，我們又能如何選擇呢？在還未討論這個問題以前，先想想在香港的歷史裡，有沒有類似的以本土經驗與身份為題的節日舉辦過？有是有的，名字也改的很直接，叫「香港節」。

短命的「香港節」
◆◆◆◆◆

上世紀60年代，香港受到中國大陸文化大革命的思潮衝擊，本地的兩次社會運動都沾上了不少民族主義色彩。1966年和1967年的動亂，港英殖民政府為免形勢進一步失控，從倫敦方面得到指示，以鐵腕政策對付主腦份子。於是，警察大量搜捕參與者，並頒佈宵禁令，企圖盡早結束動亂。在這種情勢之下，運動瞬即被策動者轉化成「反英抗暴」的正義之戰。那個年代，工業開始發展，香港因為特殊的地理與政治地位，幾乎是中國大陸與世界各國溝通的唯一口岸。但經濟發展的成果並沒有為工人帶來更好的待遇，人人為口奔馳，家庭關係變差，社會福利制度並未能好好照顧不幸的群眾，工人的權益毫無保障。而且本土出生的一代，沒辦法接受上一代的過客心態，盼望為這塊孕育他們的土地作出貢獻。可是，當時政治制度的發展，並沒有為這幾個群體提供表達意見的渠道，市民對港英政府管治日益不滿。這群怨氣重、收入低、看不見前景的年輕一代，很快被吸納進社會運動的洪流中。

動亂平息以後，港英政府總結經驗，在1967年發表了《九龍騷動調查委員會報告書》，認為參與暴動的主要是對香港社會失去歸屬感的年輕人。於是，建議提出「要利用青少年活動疏導青少年過剩的精力，作為預防社會騷動方法之一」。次年，政府決定舉辦一連串稱為「香港節」的活動，企圖塑造本土身份，以抗衡當時來自中國大陸的政治影響。活動內容包括了郵票、古董、書畫和花卉展覽、嘉年華會、舞會、時裝表演、歌唱比賽、選美比賽、花車巡遊等。「香港節」在1969年、1971年、1973年一連辦了三屆。第三屆過後，政府經過評估，認為市民已恢復對社會發展的信心，「香港節」亦達到預期的後果，於是港英政府決定停辦。「香港節」在慶祝五歲生日後，正式成為歷史。

「雲吞麵魚蛋豬皮臭豆腐鴛鴦餐蛋通節」
◆◆◆◆◆

如果要為香港節加入一種食物的話,有哪一種會入選?雲吞麵源於廣州,在不同的省份也有變奏,稱不上是本土產品;魚蛋豬皮是潮州食品,甚至北方也有食用;臭豆腐在江南一帶,甚至台灣和四川都找到,更談不上是香港產品;有說鴛鴦(咖啡混奶茶)地道,但所用的是錫蘭茶葉與墨西哥咖啡豆,根本是洋貨;餐蛋通(午餐肉煎蛋通心粉)嘛,通心粉不就是意大利麵的一種嗎?

然而,上面說的幾種食品,又的確富有香港特色。它們都與原來的那個味道不一樣,加入了一些「香港變奏」。香港沒有出產自己的食材,往日的元朗絲苗米、烏頭魚、流浮山生蠔、沙田乳鴿、山水豆腐,要不已成絕響,要不苟延殘喘。香港的特色就是變奏。雲吞混入鮮蝦;魚蛋豬皮變身車仔麵;臭豆腐炸了蘸辣椒醬及甜醬;咖啡奶茶不地道,但混合來喝就是香港特色;餐蛋通是把意大利麵放湯,再加入成份大部份不是肉的午餐肉,是平民望梅止渴的港式西餐鼻祖。說穿了,這種自我變奏,沒有地道材料,卻在做法上動腦筋的態度,正好反映了這個城市怎樣在沒有天然資源的背景下,靠著動腦筋而打出天下的一段歷史。如果食物是真實民生的記錄的話,如果香港也要搞個以食物為主體的節日的話,那可能就要來個「雲吞麵魚蛋豬皮臭豆腐鴛鴦餐蛋通節」了!

延伸閱讀
◆◆◆◆◆

谷淑美(2002),〈文化身份與政治〉,載於謝均才編著,《我們的地方,我們的時間:香港社會新編》,香港:牛津大學。

自製「十月節」食品

1. 燒豬手

用德國啤酒浸過煙豬手，大火煲滾（小心啤酒滾瀉！）調小火再煲一個小時。最後再以大火煲滾，滾時上蓋熄火焗一個小時。豬手取出待涼，然後塗上牛油，放烤箱裡燒至金黃色即可。

2. 酸椰菜

椰菜切絲燙至七成熟。放入酒醋中煲滾，熄火待涼即可使用。

3. 豬腩肉煮薯仔

薯仔切塊。可用嫩皮新薯仔，不用削皮。豬腩肉切方塊飛水待用。大火下油鑊煎香腩肉，下鹽，原粒黑胡椒及薯仔爆炒。下德國啤酒及上湯至浸過腩肉及薯仔。大火煲滾，調小火炆至腩肉軟即成。

為了減低成本，為了提高利潤，
把這東西加入奶類產品之中，
至少是當下生產的最理性決定。
這理性早已經被現代社會所制度化，
因此決定也必然是個集體決定。

06

06

孔雀石綠、三聚氰胺與風險社會

問題食品的跨學科討論
•••••

看見本系給學生跨學科訓練的成果，老懷安慰。

事情是這樣的，跟學生們談有毒食品事件，在「孔雀石綠魚」與「三聚氰胺奶」的話題下，剛上完哲學課的學生都集中討論良心問題。他們較為關心的是，為甚麼生產商能把利潤看得那麼重要，把明顯會妨害健康的有毒物質放進食材裡？現代社會的價值觀因甚麼因素而變化？思考的方向如何？是否有跡可循？上完經濟課的學生運用供求原理，說大量生產的食品多為了「薄利多銷」，當中牽涉的主要是低檔消費品，這就解釋了為甚麼低下階層最受假食品所害。上完社會政策課的學生認為，假食品充斥市場，民眾健康受到威脅，這已經不是一個商業詐騙的課題。在市場機制失控的狀況之下，政府可以考慮是否介入市場運作或作某程度的干預。但必須小心不要過份介入私人生活範疇，否則進易退難。一方面，政府往後很可能要承受更大的政治責任和公共開支；另一方面民眾也可能把公共生活的掌控權雙手奉上，要再拿回來的話就不容易。所以，政府介入這回事，若控制不好則會落得政府民眾雙輸的局面。

從食物到風險社會
◆◆◆◆◆

如果從社會學的角度,又能看出點甚麼呢?

在民眾之間,頻頻揭發有毒食品事件,最大的心理遺害,就是不再信任所謂的食品標籤。「一朝被蛇咬,三年怕草繩」,不管是否身受其害的民眾,肯定對「風險」這概念不感到陌生。事實上,所謂的有毒食品,都是經人手加工的,摻進了工業原料的東西。它們的外表跟正常食品並無兩樣,令人防不勝防。民眾對食品的「風險」意識,更蔓延到像電器安全、輻射污染、工業程序乃至於汽車構造、交通安排等其他範疇中。正如德國社會學家貝克(Ulrich Beck)所説的「風險社會」(risk society)。

早在1986年,貝克已提出了他的「風險社會」概念。貝克認為,隨著科技發達與工業快速發展,現代社會制度不斷自我鞏固。雖然表面上為人們帶來了更幸福的生活,但也同時帶來了更龐大的風險。這種風險甚至已超出了人力可以預知或可以控制的範圍。而且更使人際關係、社會制度,乃至整個社會的基本結構都在一個不可預知的、隨意的、毫無定向的狀態下分裂和發展。這種種風險也涵蓋了經濟、政治、生態和科技等不同的方面。由於這些風險是現代文明,或現代性(modernity)的產物,它們跟從前人類面對的大自然風險如地震、海嘯、火山爆發、颱風吹襲、山泥傾瀉等,在本質上有極大的不同。總括來説,現代性的風險有以下幾個特徵。

水暖鴨不知
◆◆◆◆◆

過往,自然的風險大概都可以預知,即使在科技還沒有發達的年代,也有所謂的「月暈而風,礎潤而雨」、「一葉知秋」、「春江水暖鴨先知」一類的説法。那怕是草根階層,像漁民農夫,都能把前人面對大自然的生活經驗集合成一個預報系統。比如説,漁民對旱天雷及閃電方向的觀察,就形成了一首預報明日天氣的打油詩:「東霎熱頭紅,西霎猛南風,南霎雨重重,北霎刮大風。」所以,即使面對視萬物為芻狗

的不仁天地,民眾也儘可坦蕩蕩,毋須長戚戚。但現代的風險,出於人為,與自然未必有直接關係。既然是人為的,這種風險就非人類的感官系統可以觸及。不單是預測,即使是事後處理,也不一定找到方向。像三聚氰胺毒奶,喝下去之前和之後根本沒有甚麼異樣,感官系統分辨不到,而究竟要怎樣處理喝了毒奶的小朋友,科學家和醫務人員也難在短時間內找到共識。水暖,鴨子不再先知。

不分長幼,無論富貧
◆◆◆◆◆

此外,從前的天災,除非有破壞生態系統的力度,不然的話,最多是眼下這一代的民眾受害。少了一個森林,換來一片灰土,民眾大可想想如何利用輪耕方法讓土地休養生息。但不可預測、神秘詭異的現代風險,卻挾著全球化的氣勢與威力,不光擾亂當前這一代的生活,它的惡果還會延續到下一代。像長期攝取三聚氰胺,就可能損害生殖能力、導致膀胱或腎結石、膀胱癌等後遺症。

另外,面對自然風險,富人資源豐富,不論預知與善後都有優勢,窮人自然只可望天打卦。也不知是幸是不幸,現代風險不會在富人面上貼金,面對富人窮人,甚至是風險生產者的肝臟,孔雀石綠之中的三苯甲烷基團都一視同仁,帶來同樣的致癌機會。

保險失效,無可避免
◆◆◆◆◆

面對風險,當然想到事先買個保險。昔日面對天災,可以從過去的經驗總結出風險的大概損失。但現代風險的為害究竟有多深多廣,實在是個未知之數。如何預防發生,如何制止傳播,究竟受害者所應得的賠償是多少,都是一大堆問號。何況,往日的風險計算程式,只適用於一些已經發生了的個案。也就是說,如果歷史重演,一切當然好辦,但既然現代風險是不可預知、無可避免、更無前科,那麼保險也就自然失效。運用在真實個案上,就是沒有認可團體願意承擔責任,即使是有意無意間製造風險的生產商也置之不顧。

理性點好嗎？
◆◆◆◆◆

那麼，如果人們能理性地一想再想，會不會就可避免愚蠢地製造風險呢？貝克認為答案是否定的。理由很簡單，比如說三聚氰胺能增加奶類產品的蛋白質讀數，於是，為了增加產品的營養，為了減低成本，為了提高利潤，把這東西加入奶類產品之中，至少是當下生產的最理性決定。這理性早已經被現代社會所制度化，因此決定也必然是個集體決定。最後，源於集體理性，導致集體風險，帶來集體惡果。因此，貝克認為，現代社會的決策行為，其結構中根本就藏著風險的計時炸彈。一遇上適當的時機，這炸彈就會發揮威力，把所有東西炸個稀巴爛。

風險？風骨？
◆◆◆◆◆

貝克的理論，建立在上世紀80年代中期，那個時候，我們還沒有出現這許許多多的假雞蛋、毒奶粉和農藥魚。他沒有嘗試製造水晶球，也不是語不驚人誓不休。貝克當然知道他的理論會讓人聽得毛骨悚然，寢食不安，甚至給人家指責「唯恐天下不亂」。但像很多學者一樣，貝克選擇了說他心裡相信的話。但願雪中送炭，不求錦上添花，在風險之中，卻現風骨。今天的學者，特別是吃公帑的一群，有否這種風骨？夜闌人靜，看者問題食品的新聞報導，我常常撫心自問。

延伸閱讀
◆◆◆◆◆

張文（1997），《香港海鮮大全》，香港：萬里機構。

楊維湘、林長治、趙丕揚（1998），《海味乾貨大全》，香港：萬里機構。

Ulrich Beck, (1986). *Risk Society: Towards a New Modernity*. London: Sage Publications Ltd.

眼看未為真

如上所述,風險反正避免不了,分辨及購買食材就得份外小心。除了只買時令食品,避免基因改造的食材外,得前輩們的指點,還總結了一些經驗。以下是挑選水果與鮮魚的小竅門。

1. 鮮魚:

分辨新鮮魚和死魚不太困難。新鮮魚,特別是海魚,應該沒有魚腥味。氣味應該清新,毫不曖昧。魚眼應該是黑白分明、亮麗清澈的,像帶了隱形眼鏡的小姑娘,看見陌生人的時候驚訝的樣子。放得久,魚眼會變得渾濁,灰色地帶越來越多,一副「和稀泥」樣子。新鮮魚的肉質結實(養魚除外,不用覓食的魚操勞極有限,可想而知肉質不會怎樣結實),放久了,魚肉的纖維就會鬆弛。

2. 水果:

為了大量供應,商人會採摘還未成熟的水果,在裝箱付運時,打入氣化的乙烷(ethane),讓水果的外皮變色,看上去就有個成熟模樣。所以,挑選水果時就不光用眼看,還要用手摸。在成熟前,樹上熟水果(特別是瓜類)近梗蒂的部份會變得柔軟,所謂的「瓜熟蒂落」就是這個意思。所以,輕力一按這部份,就知道水果是真熟還是假熟。此外,還得用鼻子嗅。所謂的成熟,其實是澱粉變成果糖的過程,澱粉沒有味道,果糖卻有果香。用鼻子嗅出香味的才是真熟。都說:「眼看未為真」。

06 · 孔雀石綠、三聚氰胺與風險社會

現代人對神明的崇拜，
其實是他們對社會的一種確認而已。
而宗教行為裡的所有食物，也就像祭品一樣：
向上，它反映了人們對神明（社會）的訴求；
向下，它通傳神明（社會）對人們的關顧。

07

苦菜、羊肉、無酵餅

飲食與社會封閉

在很多不同的文化裡，都可以看見飲食跟宗教的結合。比如說，農曆年底，中國人有一個叫「謝灶」的傳統習俗。「灶君」是平日住在廚房裡的神仙，對人民的起居飲食、善行惡言都瞭如指掌。每年年底，灶君就會回到天宮，向玉皇大帝述職。「謝灶」就是在灶君回天宮之前特別為他準備豐富的祭品，希望他在玉皇大帝面前隱惡揚善，美言幾句，讓玉皇大帝長年保佑。也有「官三民四」的說法，就是說當官的會在農曆12月23日，而民眾就在12月24日謝灶。不知道是否怕灶君吃得太膩，耳朵嘴巴不靈光？灶君是否收到祭品，民眾無從知道，但「謝灶」就肯定可以讓家人大吃一頓。祭品象徵了民眾對神明的渴求，而民眾把祭品吃下，也一併吃下神明的祝福。

除了華人以外，猶太人也同樣把他們的飲食跟宗教信仰結合。按照他們的食物潔淨律（kashrut），食物都有潔與不潔之分。比如肉類，在猶太教的信仰裡，豬、兔、龍蝦、蠔、蝦、蟹和貝類都是不潔的，自然死掉的動植物也不能吃。牛和羊就必須給教士先行誦經，方可宰殺。而宰殺的方法也只能放血，且要把血全部放完才可烹調。其他包括烹調

用具、用餐程序等等，都有精細和嚴格的規定。他們認為，生活過得聖潔，才配做選民，才能接受天主的祝福。從社會學的角度看，他們的這些安排，是一種「社會封閉」（social closure）。目的是透過獨特的飲食規定和生活秩序，標誌自己的身份，一方面把自己跟外人分開，另方面也有意不為自己的行為解釋，讓別人很難加入這個團體。這樣，「我們」跟「他們」的界線就十分明顯，而「我們」這個團體的「純度」就得以保存。

用飯餐論述身份
◆◆◆◆◆

在猶太人的歷史當中，最有力地論述「選民」身份的事件，就是他們脫離埃及人的統治，逃難到福地迦南，從奴隸變成自由人。他們相信，這段歷史是得到天主的祝福才能成事。舊約聖經的《出谷紀》12章有這樣的一段話：

> 你們要以本月為你們的正月，為你們算是一年的首月。你們應訓示以色列會眾，本月十日，他們每人照家族準備一隻羔羊，一家一隻。若是小家庭，吃不了一隻，家長應和附近的鄰居按照人數共同預備，並照每人的飯量估計當吃的羔羊。羔羊應是一歲無殘疾的公羊，要由綿羊或山羊中挑選。把這羔羊留到本月十四日，在黃昏的時候，以色列全體會眾便將牠宰殺。各家都應取些血塗在吃羔羊的房屋的兩門框和門楣上。在那一夜要吃肉；肉要用火烤了，同無酵餅及苦菜一起吃。肉切不可吃生的或水煮的，只許吃火烤的。頭、腿和五臟都應吃盡。一點也不許留到早晨；若是早晨還有剩下的，都要用火燒掉。你們應這樣吃：束著腰，腳上穿著鞋，手裡拿著棍杖，急速快吃：這是向上主守的逾越節。這一夜我要走遍埃及國，將埃及國一切首生，無論是人是牲畜都要殺死，對於埃及的眾神，我也要嚴加懲罰：我是上主。這血在你們所住的房屋上，當作你們的記號：我打擊埃及國的時候，一見這血，就越過你們去，毀滅的災禍不落在你們身上。這一天將是你們的紀念日，要當作上主的節日來慶祝；你們要世世代代過這節日，作為永遠的法規。

猶太人稱這慶祝為「逾越節」（Passover）。一方面，這是紀念死亡從他們的門外經過（pass over），給他們的孩子一條生路。另方面，也紀

念天主把他們從埃及「逾越」到迦南福地。上面的論述可以見到，羊肉代表代罪羔羊，苦菜象徵為奴之苦，無酵餅表示匆忙，麵團沒時間發酵，加上束腰穿鞋，手拿棍杖，急速快吃等等都提醒他們，這頓飯絕對不是安樂茶飯，而是為盡快補充體力，趕緊上路逃難。除此之外，每年在逾越節的時候，每家猶太人都要重述這段歷史，也要吃一些其他具有特別象徵的食物，以紀念先祖由埃及為奴之家被救贖出來。這些包括了烤羊骨（zeroa，紀念在逾越節被殺的羔羊），蛋（beca，紀念他們帶去朝聖獻祭被殺的祭牲），乾果泥（charoset，紀念先祖在埃及為奴時用泥製造磚瓦），傘花菜（karpas，紀念用以把羊血塗在門楣上的牛膝草）和鹽水（紀念先祖所流的眼淚和汗水）。

逾越節的晚餐程序繁複，共有十四個步驟之多，包括：
一、第一杯酒
二、第一次洗手
三、芹菜浸鹽水吃
四、家長分中間的一塊餅，把大塊的部份藏起來（吸引孩子耐性等待）
五、第二杯酒
六、第二次洗手
七、祝福
八、浸苦菜及祝福
九、吃苦菜及無酵餅
十、享受晚餐
十一、吃藏起來又找到的那塊無酵餅
十二、第三杯酒（祝福之杯）
十三、第四杯酒
十四、祈求天主收納這一餐

在這個繁複的飯餐之中，家長需要重複述說民族逃離埃及的歷史。而更重要的是，要給所有猶太人和外人知道，他們的身份就是一群天主特別祝福和挑選的人民，擁有不一樣的歷史：就是從奴隸變成天主鍾愛的「選民」。這種不斷地、每年舉行的飯餐，使他們即使散居世界各地，也能透過食物，維護並鞏固這個身份。

一脈相承的耶穌

到了耶穌的年代，他也繼續利用食物與飯餐作為傳教工具。他常常在飯餐前後公開講道，比較廣為人知的就有「五餅二魚」的奇跡。而當病人被他治好以後，他總叫那個被治好的人一起吃飯，以表示他被群體重新接納（猶太人相信疾病是犯罪的結果，因此病人也是罪人，屬於不潔一類）。至於逾越節晚餐，耶穌就更加把它昇華為一個餞別宴，就是著名的「最後晚餐」。他把原來的無酵餅和葡萄酒賦予新的意義。新約聖經《路加福音》第22章記載了耶穌這個巧妙的轉化過程：

> 耶穌對他們說：「我渴望而又渴望，在我受難以前，同你們吃這一次逾越節晚餐。我告訴你們：非等到它在天主的國裡成全了，我決不再吃它。」耶穌接過杯來，祝謝了說：「你們把這杯拿去，彼此分著喝罷！我告訴你們：從今以後，非等到天主的國來臨了，我決不再喝這葡萄汁了。」耶穌拿起餅來，祝謝了，擘開，遞給他們說：「這是我的身體，為你們而捨棄的。你們應行此禮，為紀念我。」晚餐以後，耶穌同樣拿起杯來，說：「這杯是用我為你們流出的血而立的新約。」

可以看到，昔日的出埃及經驗，給耶穌轉化成進入天國的過程。而原來象徵逃難的無酵餅和葡萄酒，就被他轉化成他的身體和血。昔日猶太人的逾越節晚餐，提醒他們「選民」的身份，往後耶穌的門徒用同樣的晚餐，互相提醒他們基督徒的身份。中間可以清楚地看見食物如何被安放到宗教行為當中。而更重要的，是由此看到宗教的社會整合功能。

宗教的社會整合功能
•••••

法國社會學鼻祖涂爾幹（Émile Durkheim）曾在1912年出版了他研究宗教生活的鉅著《宗教生活的基本形態》（*The Elementary Forms of Religious Life*），當中對宗教生活有很多獨特見解。涂氏的研究對象是當時澳洲一個小部落的土著，他發覺土著的生活相當苦悶，除了日

常賴以為生的活動之外，他們幾乎沒有任何娛樂活動。而在這苦悶的生活中唯一的高峰，就是他們的宗教活動。涂氏在他們祭神時，看到一個跟平時很不一樣的群體，他們載歌載舞，飲酒作樂，陷入一種集體亢奮的狀態。而且在這種狀態之下，忘掉了自己的個人身份，在一致的歌聲與舞蹈之中，他們分享了集體的身份，同時也將快樂與悲愁一併奉獻給神明。即使熱鬧過後，那種曾經共唱同一首歌，跳同一支舞，同哭同鬧的經驗，也使整個群體團結在一起，共同面對生活的種種挑戰，群體關係也因此而變得十分和諧。涂氏認為，宗教絕對不是幻想，要不然，它早就給這個強調理性的時代所摒棄了。只是，現代生活的經驗，把宗教化成另外一種形式供人們膜拜而已。

涂氏把「神」這個概念做了一點分析，發現「祂」有幾個特徵。祂不受人們所控制；活在人們的概念裡卻又無處不在；無形無相但為人所知曉；要求人們服從而人們也依賴祂而生存，然而，這些也正好是「社會」的特徵。所以，涂氏認為現代人對神明的崇拜，其實是他們對社會的一種確認而已。而宗教行為裡的所有食物，也就像祭品一樣：向上，它反映了人們對神明（社會）的訴求；向下，它通傳神明（社會）對人們的關顧。

延伸閱讀
◆◆◆◆◆

Émile Durkheim, (1912). *The Elementary Forms of Religious Life* (translated and introduction by Karen E. Fields, 1995). New York: The Free Press.

羅國輝（1988），《禮者，履也》，台北：光啟。

炆燉菜小建議

弄紅肉（羊肉、牛肉）為主的炆燉菜，最大的問題是如何把肉弄得酥軟。其實有幾個要點可留意。

首先是挑材料，要挑脂肪跟肌肉混和的部位，就是動物日常活動裡，不常被依賴的部位，比如說腹部。這些部位由於脂肪多，經過長時間烹調也不會失掉肉汁，容易酥軟。相反，像腿部和背部這一類，運動多，脂肪少，烹調後自然較乾。

其次，肉是蛋白質，分解蛋白質的方法可以先用強力的酸汁醃過，例如木瓜汁、檸檬汁、奇異果汁，就是強力的果酸。也可以加入番茄一類可以釋放酸汁的蔬菜同炆。

除此之外，烹調中加入酒，例如紅酒、黃酒、米酒，也有幫助。最後就是要用慢火和足夠的炆燉時間。

B 被社會吃掉

消費者基本上處於一個受控制的場景，
被灌輸了一套經過提煉的世界觀。
如果食客沒有吃過真正的 focaccia，
就會乖乖地相信「老麥」給他提供的定義：
這就是「香草包」！這就是「意大利」！

08

漢堡、狗肉、全球化

從「燒雞香草包」說起

全球化與我們這些「小薯仔」有甚麼關係?先來講個故事。

某天中午,因為時間緊迫,與友人到麥當勞解決了一頓午餐。老實說,這於我而言,是件十分罕有的事。並不是自命高檔,「老麥」不是我那杯茶。我總覺得,以同樣的價錢,準可以買到比較富人味而又平實受用的食物,實在沒有必要往假得不可再假的「雞胸」裡鑽,所以為了自己健康著想,對「老麥」一向敬而遠之。然而,那天實在時間緊迫,而且,為免朋友批評我「反社會」,或者誤會我瞧不起他作為「老麥」的忠實信徒,也只有硬著頭皮吃一次。

咬過一口最新出品的「田園香草包」後,我再也不能逆轉自己的「反麥」立場。

這包的名字是「grilled chicken focaccia」,直接翻譯該是「烤雞香草包」。當然,麵包裡找不到香草,那是意料中事;雞肉無汁無口感,也不足為奇;醬汁是混入蜜糖芥末的所謂「燒烤汁」,也就罷了!只是那

個「focaccia」字，卻不得不叫人無名火起。稍為對意大利菜有認識的人，也知道這種「香草包」所指的，是意大利家庭裡一種最常見的平民食品，用粗麵粉加橄欖油、迷迭香草、洋蔥粒搓成麵團發酵，再烤焗而成。麵包應該鬆軟有嚼勁，入口香味四溢，絕對不是眼前（口裡）這塊無色無味無臭，患上骨質疏鬆症的粉團。

問題是，麥叔叔手下人才濟濟，真的無人吃過正宗的focaccia嗎？如果明知無法大量生產，為甚麼硬要為這粉團套上個意式的浪漫名字？

這正好說明了，在這種由大財團操控的連鎖店裡，消費者基本上處於一個受控制的場景（controlled context），被灌輸了一套經過提煉的世界觀。如果食客沒有吃過真正的focaccia，就會乖乖地相信「老麥」給他提供的定義：這就是「香草包」！這就是「意大利」！

的確，在「老麥」這種跨國集團的影響下，我們對這個世界的理解、對人對事的價值觀、對甚麼是「應該不應該」，甚至對生活的追求，也會起變化。

麥當勞化的文化衝擊
◆◆◆◆◆

研究「麥當勞化」的社會學者雷瑟（George Ritzer），曾經對這個雄霸全球的漢堡包王國作出分析，認為它的衝擊主要有幾方面：

首先，「老麥」十分強調效率，但在定義最佳效率時，「老麥」的哲學是：用最少工夫完成最多的事。在美國，一切「老麥」的顧客都曉得「用餐車道」（drive-through）的運作。就是說，顧客開車從一端到另一端，已完成了點菜、付款、取餐的過程，沒有佔用餐廳的任何座位，當然也不涉及太多顧客與服務員的交流。但最重要的是：因為不用招呼顧客用餐，毛利比其他餐廳多，合乎「最少工夫、最多利潤」的原則。本地的「老麥」，當然沒有「用餐車道」，卻透過其他途徑推廣這個信念。例如做漢堡的圓形麵包，經三番四次的實驗改良後，來貨時早經

切割，員工只需要一層層地把它們取出，再加醬加肉加菜，便可大量製造漢堡包。在「老麥」，效率比甚麼都重要。試想一下，在這裡工作和光顧的年輕人，長期接受這一套訓練，誰還能要求這些社會未來主人翁們學會腳踏實地做事？要快要多、鑽空子、「搵著數」才是生存之道。

其次，「老麥」將一切服務質素都約化為數字，所以越大越多，就是越好。能計算得到的、能量化的才信得過、才最實在。於是，我們崇奉「巨」無霸、「雙層」芝士漢堡、「加大」汽水，和「買一送一」優惠。所有漢堡包都是直徑3.5英寸，牛肉餡必然是3.875英寸。這樣，才可以製造出牛肉餡湧出麵包的假象。一切的成果，都經過精密計算。潛台詞當然是：「斤斤計較才能得到想要的東西。計算不到的，別相信。」明白了這種邏輯，自然會清楚為何政府以成本太高、回報太低為理由，遲遲未推行小班教學；以同樣的「成本效益」原則，對收生不足的中小學校手起刀落；及純粹以大學發表的論文數目評核其研究質素。其實，誰又可能在「百年樹人、潛移默化」的教研事業裡，拿出一張可以被量化的成績表來？（忘了說，教育現在是一種「產業」。）

第三，「老麥」認為，要保證產品的水平，必須保持標準化，讓所有東西都在可預計範圍之內。所以在世界各地的「老麥」，看到的是大致相同的櫃檯、椅桌、制服、菜單、贈品，甚至為小朋友而設的生日會程序也相同。久而久之，生產線的各個員工及顧客都相信「大一統」就是最高的服務原則。所有不服膺此原則的人和事都應遭摒棄。同樣的邏輯用到其他範圍，所有「出位」的思想行為，都必遭受一定程度的審查與打壓。學生提出另類意見、穿著另類衣服、外表打扮另類，都會被標籤為「不良」、「邊緣」、「學壞」。從好處想，當然是保護被主流意識寵壞了的脆弱一群。然而，在追求一致的同時，也不知道我們扼殺了多少創意，和對這些創意滿抱希望與信心的孩子們。同理，對現狀提出意見，倡議改革的人都不受歡迎，甚至要面對種種打壓。這樣的社會，還能進步嗎？

最後，「老麥」習慣用非人工具與程序作有效的控制，把人的行為極度約化為機械式的動作。所有員工都會對顧客展露笑容，還會在交易

完結時加上一句：「歡迎你下次光臨！」問題是，這種皮笑肉不笑的問候及恭維，是否與其想要表達的內容相襯？其實，其他服務業的員工，也採取了相同的態度。我們不難在日本餐廳、台灣料理聽到發音不準、似是而非的歡迎語，不但把歡迎的氛圍打了折扣，更不斷地訓練一班用不誠懇心態說誠懇話的人。人與工作，分割成為兩個毫不相關的範疇，這樣一來，人也沒有辦法在工作中尋找自己的價值。

走筆至此，讀者或會疑問，以上所及，最多只能說「老麥」哲學於人無益而已，為甚麼又和「全球化」扯上關係？別忘記，當我們下意識地把「全球化」等同「經濟一體化」的時候，「全球化」的指爪其實同時也插進了社會、民生及文化等各個範疇。麥當勞的全球普及，正是這種趨勢的明證。於此，我們再也不能自以為可以置身「全球化」的漩渦之外了。

「全球」與「本土」不斷拉扯
◆◆◆◆◆

既然如此，我們亦不得不對全球化的本義作一點反思，以計劃自身在這個形勢下如何自處。

「全球化」的內容，大概可以瞭解為兩個面向，就是「本土化的全球主義」（local globalization），及「全球化的本土主義」（globalized localization）。相信一些地道的例子會幫助我們瞭解這個課題。

最近有個留學美國多年回港的朋友說：「真開心，香港終於趕得上美國了，作為國際城市，香港的確需要多幾間『星巴克』（Starbucks）。」朋友認為，香港久久未有足夠的星巴克是個遺憾，因為這使得香港看起來不夠國際化。換句話說，能有這類「全球都有」的連鎖店在香港（本土），是走向國際化的必要條件。這種企盼全球都有的東西在本土也能生根的渴望，正反映了「本土化全球主義」的面向。相反，星巴克的管理層不論如何妥協本地的習慣（如推出咖啡味月餅），也始終有個限度。在一定程度上，還是十分堅持保存星巴克在世界各地分店的特色，

如英語餐牌、用英語落單、使用同樣的制服與份量、播放慢板的爵士音樂。這種堅持不論在世界哪個地方、不論本土化的渴求如何呐喊，都不改外來者本色的態度，這就是「全球化本土主義」的具體表現。由此可見，「全球」與「本土」的不斷拉扯，才是全球化過程的真實面貌。

然而，全球化是否必然意味著「西風東漸」？西方的一套是否必然切合東方的國情？

又是説故事的時候了。

吃狗肉與文化身份
◆◆◆◆◆

2002年世界盃舉行期間，主辦國之一的韓國，其旅遊部在發給遊客的宣傳單張上，清楚介紹了在何處可以吃到狗肉。對於韓國人而言，吃狗肉最平常不過，並沒有如西方人一般面對「吃掉自己朋友」的心理關口。早陣子，我在一個討論「全球化」的課堂上把這課題再次搬到學生面前，班上大致有八成學生表示吃狗肉是不可接受的行為。綜合各種理據，主要有以下各項：「狗是人類的好朋友，吃掉牠太不應該」、「吃狗肉不文明」、「狗太污穢了，會有病菌」。這類不太科學的即時調查，結果大可不必認真對待。然而當我告訴他們，香港是現時中國土地上唯一有法例明文禁止吃狗肉的城市時，他們竟目瞪口呆，以為我在説謊。

當「吃狗肉與否」與「文明與否」劃上等號時，我們其實忽略了一個十分值得反思的現象：「全球化」已被約化為「西方化」了！當然，這個「約化現象」，亦並非無跡可尋。畢竟，這與上世紀的「非殖民化」歷史有著不可分割的關係。過去一世紀，第三世界國家紛紛脫離殖民政權，或獨立，或認祖歸宗。然而，長期的殖民統治，使人民不得不受宗主國的價值觀影響，其中當然包括接受所謂的道德標準。記得上世紀70年代，有位世伯在油塘區開設山寨玩具廠。每次探訪他，除了可帶回大包小包的塑料玩具之外，還可享用一頓豐富的「狗肉火鍋」。後

來，政府宣佈通過法例，禁止屠宰及食用狗肉。對我來說，這大大減低了探望這位世伯的意欲。說實話，我從不覺得在世伯的山寨廠裡吃自己飼養、自己炮製、自己屠宰的狗肉是件大逆不道的事。何況，世伯原本就是為吃狗而養狗，因此也就沒有「出賣朋友」、「腦袋未開化」等考量。對於西方人，狗是朋友，但對於中國人，卻不一定是。再者，如果西方人視白鴿為和平的象徵，崇之奉之，又何來一道一道美味的燒鴿佳餚？如果兔子在復活節的時候代表重生，代表善良，為甚麼法國人又會用紅酒把牠煮掉？難道吃掉一隻自己飼養、根本用作食用的畜牲，比吃掉「和平」，吃掉「善良」更應受千夫所指嗎？

然而，我的學生們既出生於一個「非狗肉」年代，他們也自然接受了一套「非狗肉」的價值觀。當然，如果能有相同的文化基礎，真真正正地把狗看成朋友，我亦沒有理由反對他們禁「肉」，正如農夫不會把甘苦與共的耕牛吃掉一樣。可惜的是，「西方化」的黑手，沒有能耐一一傳授這些文化內涵，害得追隨者「練拳不練功」，得其形而失其髓。結果是舊的文化身份及文化本位都給入侵者消磨得一乾二淨，但新的文化體系卻因先天不足而無法建立起來，弄得當事人進退失據。

由此可見，盲目地跟從西方的一套國際遊戲，或現在流行說的「跟國際接軌」，以「西方先進，東方落後」的二元思路作為「全球一體化」的探路燈，未必可以照見光明的前路。

全球化的「小薯仔」從自身看見社會
◆◆◆◆◆

其實，面對全球化這列車，我們也未必只能是被動的乘客。如果全球化的方向與路線，與本土的性質是背道而馳的話，我們也可選擇把持本土的根，與全球化作健康而有建設性的拉扯，只有這樣，列車才可以送我們到我們想去、而非車長要去的地方。做「一個幾毫」的顧客，也不一定要光顧跨國企業的連鎖店。當你選擇把買漢堡包的錢，用在街邊白粥炒麵的小攤檔上；當你選擇把瀏覽互聯網上林林總總美食資訊的時間，用在與老廚師聊天請教烹飪秘訣上；當你選擇關心杜瓊斯

工業指數時，也同時關心世界糧食的不平等分配……全球化的列車方向才在你的掌握之中。

前面所提的種種，從漢堡包、星巴克、吃狗肉、世界盃，到全球化及西方化等，是嘗試把生活裡個人所面對的境遇，放到整體社會的結構與場景之中。其實這種向後抽身，把視線範圍放大的動作，正是社會學裡一個基礎學習態度，稱為「社會學的想像力」（sociological imagination）。

這個概念於1959年由美國社會學家米爾斯（Charles W. Mills）提出。米氏認為，人類生活在現代社會之中，彷彿被種種無形的力量控制，深感自身的不由自主。這種無力感覺，往往使人容易墮入行屍走肉的境地、甚至將個人的成敗得失歸究於自身的質素與能力。其實，既為社會一員，米爾斯認為必須承認個體與整體社會結構有某程度上的聯繫，如果加上個人遭遇，便自然而然地成為整個社會的歷史。因此，能洞悉個人命運與社會歷史之間、個人困境與社會課題之間的互扣關係，將有助我們安身立命，並清楚瞭解各種隱藏其中、超出個人控制範圍的力量。這也許是一種超脫了。

延伸閱讀
◆◆◆◆◆

吳錫德譯（2003），《文化全球化》，台北：麥田。（譯自Jean-Pierre Warnier, *La mondialisation de La Culture.*）

林佑聖、葉欣怡譯（1999），《社會的麥當勞化》，台北：弘智文化事業。（譯自George Ritzer, *The McDonaldization of Society.*）

劉小萱、方曉（1998），《麥當勞王國：魅力金拱門》，廣州：廣東旅遊。

成令方、吳嘉苓等譯（2001），《見樹又見林：社會學作為一種生活實踐與承諾》，台北：群學。（譯自Alan G. Johnson, *The Forest and the Trees: Sociology as Life, Practice and Promise.*）

小錦囊

漢堡扒 DIY

曾經自製漢堡扒的朋友，都會遇上碎肉散開的問題，有人會選擇加入大量生粉作為黏合劑，然而，生粉煮熟後略帶彈性，或會影響漢堡扒的口感。再者，如果烹調的是牛肉，中間部份已煮好，但生粉卻仍未熟。

要解決這個問題，可以先將金屬碗置於冰塊上，把碎瘦肉和大概相當於其五分之一份量的肥肉放進去，加入幼鹽後以高速攪動，再揉成適合大小的漢堡扒。因為肉類的蛋白質和脂肪在低溫攪動時會產生乳化現象 (emulsification)，蛋白質和脂肪黏結成線狀物體 (烹飪術語裡稱為「起筋」)，將混合物緊黏在一起，而鹽份就可以幫助穩定整團混合物，避免在烹調時煮散。這樣就可以保持漢堡扒的口感，此方法也適用於製作肉丸。

市場早已把「誠信」與
「交易所牽涉的金額」掛鈎，
付出低檔價錢就沒有資格要求貨真價實。
所以，偶爾遇上良心食肆，
是顧客的運氣好。

09

油泡斑片與
生產者的誠信

食物真假與價錢掛鈎？
+++++

對於食肆的表現，尤其服務態度方面，我有一定要求。別誤會，我絕無意圖期望街口「茶記」的侍應為我擺放疊成皇冠狀的餐巾，又或者在吃完「餐蛋麵」之後，細心得詢問我是否滿意今天「丁麵」的口感。我說的是，不管是收費幾千元的高檔食肆，或是數十元吃得飽飽的「茶記」，甚至是車仔檔五元一串的勁辣魚蛋，客人付出的除了真金白銀，更重要的是對食肆的信任，把自己的口腹交給素未謀面的廚師。至於經營者方面，即使再抽離、再麻木，用在烹調、策劃、佈置之上的時間與氣力都絕對是寶貴的。為此，雙方就更有理由珍惜所付出的東西，至少對食物的真假有所執著。

事情是這樣的。和一位前輩晚飯，那是間價錢大眾化的粵菜酒樓，前輩身體雖弱，眼睛跟味蕾卻是十分精靈。「油泡斑片」上桌，前輩眉頭一皺，把魚往嘴裡送，只是輕輕的嚐了一口便說：「這不是石斑，是普通的冰鮮海魚。這做法也不是油泡，是脆炸。你看這厚厚的粉漿！」

面對他這突如其來的一句，同桌的朋友即時說：「100元不到的價錢，難道用上真的斑片不成？你就湊合著吃吧！」朋友的潛台詞是：「一

看價錢，便知道所吃的絕對不會是真石斑。」由於這交易所牽涉的金額太低，顧客與經營者都假設會接受不正確的產品描述。如果把這個邏輯用到其他食品之上，自然可以明白一個道理：市場早已把「誠信」與「交易所牽涉的金額」掛鈎，付出低檔價錢就沒有資格要求貨真價實。所以，偶爾遇上良心食肆，是顧客的運氣好。

積非成是的邏輯與馬克思的生產論
◆◆◆◆◆

如此類推，顧客也只能接受一眾「明知是假，但總算便宜」的東西，例如用魚肉加麵粉和色素造成的所謂「蟹柳」、「帶子」、「鮑魚」；以魚膠粉與不知名化學物質壓成方方正正一塊的所謂「翅餅」；以工業鹽、澱粉與色素合成、動物纖維偶有出現的塊狀「火腿」等。而各大食肆更毫不保留地推出味精濃度極高的「清湯腩」；把煲好的飯與蒸好的餸放回煲仔內既無飯焦也沒煲過的「煲仔飯」；並非明火煮成更絕無瑤柱的「明火瑤柱白粥」。至於其他的「俄羅斯牛肉飯」、「拿破崙意粉」、「奧地利豬扒」等「國際美食」，顧客早就看得麻木。

對於這狀況，有人以簡單的「無商不奸」四個字作結論。但為甚麼我們對吃進肚子裡的東西能夠如此毫無要求？或像我那同桌朋友的邏輯，為甚麼交易額低，顧客就沒有資格有所要求？為甚麼對生活素質的堅持，只能讓路給「成本控制」、「刺激消費意欲」等經濟考量？

也許馬克思的理論對此能有一點啟發。在分析資本主義社會運作及其結構時，馬克思提出了這樣一個比喻。假設社會是一座建築之中的大樓，在未動工之前，建築師早已決定了大樓的高度。然後他先把地基弄好，這個地基就是「下層建築」（infrastructure），地基之上的所有樓層，都屬於「上層建築」（superstructure）。由於在為大樓打地基時已決定了可以承受的層數，因此，「下層建築」便決定了「上層建築」的高度。馬克思認為，通過種種剝削手段，資本家把「下層建築」規範為經濟活動，而其他人類生活上的活動範疇，包括社交、家庭、學校、朋友、宗教，乃至對生命素質的追求、對人生目標的反省等，都屬「上層建築」。如果「下層建築」決定「上層建築」，就解釋了為甚麼生活上

其他活動，包括活動的內容和時間，甚至參與活動的人選，都必須與被視為生活中心的經濟活動配合。所以，某某不能在星期三下午看部有意義的電影，因為他正與同事們在開工作會議。同樣，某某也不能在星期五早上放開工作一小時，想想全球暖化的深遠影響，因為他必須在上午股市收市前為顧客沽貨。他們只能在「配合公司工作進度，保障顧客利益」的大前提下，申請一天半天原來就屬於他自己時間的年假，進行一些對他們更重要，卻與經濟無關的「上層建築」活動。

如果把情況向後再退一步，當可明白前面提到的對食物、對生活質素的要求，為何要在「成本控制」、「大量生產」、「待價而沽」、「多快好省」等經濟活動原則下被犧牲掉。

問題是，這種犧牲是必然的嗎？是必要的嗎？

消費者對食物的要求
✦✦✦✦✦

先說「必然與否」的問題。那是從消費者角度出發。

在前面「油泡斑片」的例子當中，最叫人心寒的不是「海魚」冒充「石斑」，或「脆炸」假扮「油泡」的行為，而是同行朋友那種理所當然的思路。如果消費者對這種習非成是的狀況毫不反思的話，難怪經營者可以肆無忌憚。反過來說，如果消費者以行動表達對產品的堅持，比如說，拒絕購買名不符實的食品，那麼，透過市場調節的機制，總可以對經營者施加某程度的制衡。

最難駕馭的，倒是如今十分流行的所謂「經驗消費」。也就是說，消費者要購買的，不光是貨品本身，而是貨品所代表的某種生活經驗與社會階層。例如，某品牌的啤酒標榜以男性為中心的中產生活享受，喝啤酒的青年才俊個個身材魁梧、收入不菲、有美相伴。當消費者特別是男性購買此產品時，便一併買下對這種生活經驗的渴望與投射，彷彿喝這啤酒，就會擁有這一切。這個消費所能提供的，是啤酒象徵

的一種「經驗」。很多時候，產品吸引人的，是這種「經驗」多於產品本身。所以，「能夠消費得起鮑魚」比貨品本身「是不是鮑魚」來得吸引。消費者往往被卡在這裡，無力再往前想一想：其實懂得如何自主消費，不是比是否消費得起更高一個層次嗎？也許，推廣「消費教育」才有望把情況扭轉過來吧！

生產者對食物的定義
●●●●●

再來是「必要與否」的問題。那是從生產者角度談起。

在廚房工作的時候，曾經碰上這樣一件事。那是家五星級酒店裡的法國餐廳，主廚是法國人。為了堅持出品正宗法國餐，廚房的各種進口食材，春雞、牛排、豬柳等固然要用法國貨，但微細如牛油、海鹽，甚至焗爐用的墊紙，也統統由法國進口。主廚更規定，要跟足法國餐廳的習慣，在客人點菜前送上小吃（hors d'oeuvre），讓客人瀏覽菜單時，先被廚師的手藝吸引。

這天我又在準備小吃，一般是開胃輕食，如酒醋醃漬白菌之類。忽然，酒店的中菜部發來三隻燒鴨，說是午市賣剩，給我們製作小吃之用。主廚著我把鴨肉拆出切絲，以冰梅醬（不錯，就是廣東烤鴨用的冰梅醬！）和雜菜配合拌成迷你烤鴨沙律，作為小吃。我向主廚表示這並非法式食物，怎知主廚竟說：「顧客懂甚麼？我是法國廚師，我說那是法式食物，他們就得相信那是法式食物！」

這個「新解」法國餐的概念，當然在這位主廚的偉大領導下發揚光大。然而，該餐廳作為「正宗法國餐廳」的地位也在本地飲食界中每況愈下。幾年前酒店餐廳重組，該餐廳的地位最終給另一間跨國法國餐廳集團所取代。

最有可能讓這餐廳成為歷史的原因，是它再不能提供讓消費者真心信服的法式食物。至於甘心買假貨的「經驗消費」顧客又能支持它多久

呢？他們根本毫不在意食物正宗與否，隨時變心也是意料中事。因此，作為食品的生產者，在產品之中作假的話，其實正正在消耗本身最寶貴的信譽。當消費者醒覺的時候，生產者也只好解甲歸田。

食物的生產者與消費者之間，除了金錢之外，也許還應該維繫著一份誠信。不為甚麼，只為誠信一旦消失，這關係根本就不能再存在。

延伸閱讀
◆◆◆◆◆

謝宜榮（2002），《地中海輕食》，台北：積木文化。

朱道凱譯（2002），《社會學動動腦》，台北：群學。（譯自Zygmunt Bauman, *Thinking Sociologically.*）

hors d'oeuvre 冷知識

傳統的法國餐廳在客人點菜時,會為客人送上小點心。這種點心稱為 hors d'oeuvre(英文讀音:or-der-ve)。正宗的法國菜對 hors d'oeuvre 有十分嚴格的要求。首先,既然是餐前小吃,必須以開胃為主,味道要濃烈,但絕不能讓人覺得膩。其次,最好是一口份量(bite-size)。從前還因為要方便帶手套的淑女,發展出用乾爽麵包托底的 canapés(英文讀音:can-na-pair),即小型的開面三明治。

除了用料之外,hors d'oeuvre 也要求賣相精緻、顏色吸引、刀工細膩及能夠帶出當晚廚師推薦的烹調主題,所以絕不能馬虎。其實類似的小吃,不但出現在英國的 high tea 裡,也可見於意大利的 antipasti(英文讀音:an-t-pas-t)和西班牙的 tapas(英文讀音:ta-pas)。

當然,在後兩個菜系裡,小吃都已被視為下酒菜,所以份量相對多一些,而且用料也會比較重,有時甚至用上大條的香腸、火腿、魚柳和鴨腿。意大利有時以 antipasti 作正餐,而西班牙人從下午一直喝酒吃 tapas 到晚上才吃晚飯,也相當普遍。

大眾稍一不慎，
便會不經批判地全盤接受文化產品所附帶的價值觀。
像「懂得吃燒牛肉跟和牛，用燒汁跟岩鹽調味，
就比吃滷水牛腩高檔，也更有品味」。
久而久之，懂得吃甚麼和如何吃，
也變成了個體留在群體裡邊的必要條件。

10

飲食指南？指北？

我應該蘸甚麼汁？
▼▼▼▼▼

在還不是有太多五星級酒店供應自助餐的年代，有一晚我負責稱為 carving station 的燒牛肉餐車，就是按客人的要求，把生熟程度不同的燒牛肉切成小塊送到客人碟子上。

一位穿戴整齊的小姐走到餐車前面。看得見她衣裙上的疊痕，裙邊還露出一角仍未剪掉的價錢牌。她要了一塊八成熟的牛肉，走開了幾步，又走回頭，戰戰兢兢地問我：「請問，吃這牛肉應該蘸甚麼汁？」我回她說：「小姐，你可以選燒汁、蘑菇汁、黑椒汁、芥末，有些客人也會灑岩鹽，甚至不蘸汁，看你喜歡哪一種吃法。反正我們的牛肉都是頂級的，本身就很夠味。」她說：「老實說，我看過飲食指南，當然知道你們的牛肉質量很高。但是，指南講過應該蘸甚麼汁我就忘了，所以想問問你的專業意見。」我說：「小姐，其實自助餐最大的樂趣是按你自己的口味去配搭，沒有甚麼應不應該的所謂規則。」她回答：「我明白，但我就怕跟大家不一樣。畢竟，這是我第一次到這種高級酒店吃自助餐呢！」

「大衆文化」裡的大衆牛

很明顯，這位小姐吃得小心翼翼。可以想像，她赴宴之前花了好些時間挑選和購買適合的衣服，跟朋友約好如何度過一個「充滿美食」的晚上。為了「學懂」如何欣賞這些美食，她還看過城中大大小小的飲食指南，讓自己知道怎樣「處理」牛排和蘸汁。種種的經營，當然因為她不想丟臉。但讓她最感壓力的，可能是她曉得自己不是在吃一塊「大衆化」的牛排，所以必須隆而重之，不要白白浪費這個讓自己品位提升的好機會。也就是說，在她心目中，吃這塊講究蘸甚麼汁的牛肉，跟在普通一家麵店吃牛腩、在火鍋店吃肥牛，或清真菜館吃牛肉餡餅，當中的文化意涵並不一樣。主要是因為這些屬於「大衆文化」裡的牛肉，和那塊「乾燥熟成」（dry-aged）的頂級和牛不可同日而語。作為廚師，我明白兩種牛肉的肉質、味道、價錢和烹調方法根本不同。但作為社會學者，我更有興趣探討這種食物被看成「大衆」與「非大衆」，到底是甚麼現象。就是說，那隻高檔牛，跟那隻大衆牛，在「吃喝拉睡」之後，有為自己的檔次而奮鬥過嗎？還是，牠們的主人（和未來食客）怎樣用一個所謂的文化框架去定義甚麼是「大衆文化」呢？

「大衆」不大衆

「大衆文化」（mass culture）一般被理解為屬於老百姓的、張三李四的、源自大衆、而且是代表大衆的生活方式。然而，法蘭克福學派（Frankfurt School）的社會學家卻認為事實並非如此。按他們的角度，所謂的「大衆文化」，不但不是源自大衆，甚至是強加於大衆之上、為誘導大衆按資本家預設的消費模式而活動的一套概念。大衆只是這套預設文化的消費者，而不是主體。同時，由於這過程的最終目的是生產利潤，除了一部份能被轉化成消費品外，大衆的真正生活細節並沒有被吸納進這套文化的內涵當中。所以，即使是一些源於民間，反映大衆日常生活的藝術品，到了文化販子手裡，也統統變成了有價有市、徹頭徹尾的消費品。部份法蘭克福學派的社會學家甚至恥於把

這套他們認為屬於「意識形態」的概念跟活生生的大眾扯上關係。他們只願意稱之為「文化工業」(cultural industry)。這裡的「工業」，很有點鄙視味道。因為他們認為文化內涵在產品化的過程中被預設成一種特定的形式，製成品（即文化產品，cultural products）跟工廠裡的「灌模」(moulding)結果沒兩樣。諷刺的是，消費者所購買的，又往往是沒有物質的一大套概念，物質部份反而變得不重要。

人吃好牛肉？「意識形態」吃人？
◆◆◆◆◆

且看網上隨便找來的一份吃牛「指南」，就是這樣記錄的：

> 「日本飼養的和牛，對飼料和品質控制非常嚴謹，每隻和牛在出生時便有證書以證明其血統。自出生後，和牛便以牛奶、草及含蛋白質的飼料飼養；一些牧場更會聘請專人為牛隻按摩及灌飲啤酒，令肉質更鮮嫩。高質素的和牛，其油花較其他品種的牛肉多、密而平均，油花是肌肉的鬆軟脂肪，其分佈平均細緻，肉質便會嫩而多汁，油花在攝氏25度便會融化，帶來入口即溶的口感。肉質色澤以桃紅色為最佳；脂肪色澤則以雪白色為佳，如油脂經氧化，顏色會變為帶黃色或灰色，質素則較遜。已屠宰的和牛，將根據其肉色深淺及脂肪分佈評定等級，共分為A1至A5級，以A5為最高級，價格也最高。」

牛肉本身有品質上的不同，比如說油份（油花）分佈的狀況，肉質是堅硬或柔軟，肉味香濃的程度等，這當然與飼養牛隻的過程有關。但哪一些品質比另外一些品質更值得追捧；哪一種烹調方法（燒烤）比另外一些烹調方法（滷煮、餡餅）更能「帶出肉味」；哪一種蘸汁（燒汁、岩鹽）比另外一些蘸汁（滷水、醬油）更有品味等等，就是文化生產（而不是牧牛）的課題。再者，在上述那種「油花肉味入口溶化」的論述裡，牛隻和牧牛人的生活細節、牛隻健康和產地氣候的關係、大量生產的畜牧業如何改善（或惡化）牧牛人的生活狀況等都刻意被略去。（當然，牛隻有出生證明及灌飲啤酒這些能提高消費品售價的細節絕不能省掉！）甚至牛隻也從一頭動物（生命）被約化成為一塊牛肉（消費品）。所以，牛肉不光是食物，也是一件文化產品，有其預設的顏色（肉質桃紅，油脂雪白）、形狀（理想的長條半月形，油花呈網狀分佈）、狀

態（未經氧化，其實，所有接觸空氣的物質都無可避免地不斷經歷氧化！）甚至等級（從A1至A5，牛被分成等級？生命被分成等級？）。而大眾作為消費者，為要貼近這種文化產品的要求，也只能按照這種預設的消費軌跡去活動。而且，在過程當中，大眾稍一不慎，便會不經批判地全盤接受文化產品所附帶的價值觀。像「懂得吃燒牛肉跟和牛，用燒汁跟岩鹽調味，就比吃滷水牛腩高檔，也更有品味」。久而久之，懂得吃甚麼和如何吃，也變成了個體留在群體裡邊的必要條件。個人獨特的喜好，甚至批判能力，日漸萎縮。在文化工業面前，甚至如阿多諾（Theodor W. Adorno）引述海德格（Martin Heidegger）說的，大眾不再是一種具體的人，而是喪失了個性的「常人」，被一種稱為「好牛肉」的「意識形態」慢慢吃掉。

提防「大眾」的小手
◆◆◆◆◆

文化工業對集體最大的傷害是：為達成最大利潤的目標，文化販子要大量生產一模一樣的產品，以供那一大群訓練有素的「大眾」所消費，所有「小眾」及「分眾」統統在大眾文化的論述洪流裡消失得無影無蹤。換句話說，眼下為這群消費罐頭提供的種種選擇，其實都是同一選擇。這現象在不少歐美大型商場的所謂「美食廣場」可見一斑。那怕在前廳看上去是多間食肆，後面都是同一個飲食集團的中央廚房，生產口味差不多的所謂選擇。由於生產者要減低投資的風險，既然目前的產品受「大眾」歡迎，那就沒有創新的誘因。對集體而言，多元化的社會只不過是海市蜃樓。再者，文化產品是粉飾太平的最佳工具，當文化產品也變得毫無創新性格時，大眾就容易安於現狀，社會也就更難進步。光說飲食，這問題可能還顯得不太嚴重。但如果把眼光放到其他如藝術、科技、文學、歷史等範疇的話，那麼我們就不得不提防「大眾」這隻小手了。

延伸閱讀
◆◆◆◆◆

吳潛誠編（1998），《文化與社會：當代辯論》，台北：立緒。（譯自 Jeffrey C. Alexander and Steven Seidman, *Culture and Society: Contemporary Debates*.）

創新路之 fusion cuisine？

很多人認為「融和菜」（fusion cuisine）是一種不倫不類的東西。其實，如果配搭得宜，融和菜可能是抗衡大眾文化千篇一律的有效工具。當然，失敗的是把「fusion」變成「confusion」。

領教過的失敗例子包括，法國煙燻鴨胸配冰梅醬跟絲苗米（何不乾脆吃個燒鴨飯「加面扣底」）；白菜沙拉（即使澆上再多醬汁，白菜生吃始終很難令人接受）；巴馬火腿生炒糯米飯（正值盛年的巴馬火腿慘遭謀殺，並遭棄屍熱騰騰香軟糯米飯上面，屍體還因熱力收縮成一卷！）這些畫面的恐怖程度，叫人寧願承受大眾文化的獨裁操控。成功的融和菜，端賴廚師對不同的菜系有一定的理解和掌握。

曾經在夏威夷的酒店交流一個星期，由於地處太平洋，也因歷史原因，那裡有很多美籍日裔廚師開的餐廳。他們對東西文化的瞭解使菜式做得恰到好處。比如說，用上佳的日本味噌融合糯米蒸熟，填滿法國鵪鶉腹部燒好，把燒烤的剩油加上紅酒牛油製成燒汁澆上，外配百里香草烤薯仔和蒜蓉炒菠菜。這配搭使所有東西都和諧地走在一起。其實，做法不複雜，也可以在家裡嘗試做。

個人幸福跟整體人類的福祉
不必常常置於拉扯中此消彼長。
就是說，個人得到快慰，
不必犧牲其他人、集體和生態平衡。

11

忽發奇想私房菜

愛煮甚於愛吃

朋友都知道我愛下廚，但大概不知道愛得有多瘋狂。大夥兒到我家飯局時，自己在廚房忙個不亦樂乎後，一般不想多吃卻喜歡坐在旁邊，靜靜地呷一口茶，享受朋友們的每個笑聲。新朋友常常誤會我是煮得太累，都說「不好意思，為我們弄吃的，讓你太累了吧！」有些還為我開脫，說廚師會在烹調過程中「醉油」，吸了太多油煙，沒有胃口云云。只有老朋友知道，我不是太累，不是「醉油」。事實上，我愛煮甚於愛吃。對我而言，收穫早已在耕耘中出現了。

比如做個凱撒沙拉，把蛋黃、菜油、銀魚柳、芝士拌成醬的過程裡，看著這堆食材如何離離合合已經夠逗了。何況還有羅馬生菜、烤麵包粒、煙肉碎和偶爾出現的烤蝦烤雞，看它們如何相遇相知、連橫合縱、苦甘共嘗、爾虞我詐，中間曲折離奇，峰迴路轉，精彩之處不下於章回小說。看在眼裡，樂在心頭。沙拉還未放到嘴裡，早已嚐到其中最堪玩味之處，吃與不吃，也只是個肚腹層次的考慮而已。至於是否符合食客的胃口，都是其次，畢竟，嘴巴生在別人頭上，我倒沒辦法想得太多，即使有掌聲，也只是種額外的花紅。說實話，拿到「自我感覺良

好」這份工資已經喜上眉梢。花紅嘛，有當然妙，沒亦無妨。如是者，坐在一旁，拿著工資，看到花紅，我還能不樂透嗎？即使食物弄砸了，那救亡的工作也有另一番樂趣。想著如何把切得不理想的肉片弄成肉醬汁；把過鹹的燻魚變成炒飯配料；把微黃的蔬菜變成天婦羅等偷天換日的工程，讓食物在神不知鬼不覺間輪迴再世，還被食客珍而重之。這種帶點刺激的救亡行動，沒有做壞事的後果，卻有做壞事的快感。還有，食客把我玩樂過程的副產品（食物）統統都處理掉，我一般都心存感激，道謝連連。同樣，新朋友也常誤會是我太客氣。唉！

忽發奇想
●●●●●

這活動固然好玩，但也是個消費挺高的玩意兒。怎麼説呢？只怪我一般都不忍心讓朋友吃便宜貨，所以買菜的時候總是往好東西裡頭鑽，比做給自己吃的用料還要闊綽，這是經濟考慮。另方面，也不是常常有藉口呼朋喚友到我家大吃大喝，想要多煮幾次就要等朋友們都能赴約，有時候的確技癢難熬。好幾次，朋友們説想帶一些我不認識的朋友來嚐嚐我的手藝，就是覺得不好意思打擾。這兩個考慮，最近慢慢在腦袋裡沉澱出一個想法：開一家只招待朋友的私房菜館。

這菜館有個最高指導原則：就是我自己下廚得來的快樂永遠排在第一位。從這個人原則中也就衍生出一些小原則來。

同體大悲
●●●●●

首先，食譜由我定，按當天能買到的最好材料決定菜式，食客可以預先通知有關喜好。如因宗教或者健康理由，可以指明棄用哪些食材。食材方面，跟大自然對著幹的東西我絕不採用，比如説魚翅（屠殺瀕臨絕種的動物），髮菜（加速沙漠化），牛仔肉（為生產嫩白而脂肪含量高的牛仔肉，牛隻從出生到屠宰都被困在無法運動的鐵籠裡），鴨肝鵝肝（以人工方法強行餵養成肝部發大的病態鴨鵝，肝臟取出以後

就被扔掉）。飯局日期也由我定，每月只做一檔。地方所限，也只接受4至6人的訂座。而且必須在週末，讓我在從容不迫的心情下，享受市場買菜的樂趣。此外，這是種朋友飯局，食客中至少有一半必須是我圈子裡的老朋友。這不是門生意，我不以此謀生，免得計算成本的氣力影響了煮菜的心情。朋友按人頭計算付錢，扣除食材燃料開支外，利潤全數用作支持一些難獲政府資助、卻有意思及願景的慈善事業。同樣，免得費力氣，我不會交代利潤的去向，但會小心挑選受惠機構。怎樣得到食客的信任？不是說過嗎？我只招待朋友，不相信我的，要我交代這交代那的，那還算朋友嗎？乾脆就別來光顧了！

跟一些朋友分享這個想法，他們都挺支持，也看出了我這菜館的一些理念。其實，這菜館很有點同體大悲的意味，讓食客享受食物的同時，也意識到個人跟集體有某一種聯繫。個人幸福跟整體人類的福祉不必常常置於拉扯中此消彼長。就是說，個人得到快慰，不必犧牲其他人、集體和生態平衡。

錢是你自己的，資源是社會的！
♦♦♦♦♦

曾經聽過這樣的故事。一群特別大氣的香港食客到德國餐館用餐，沾染了愛排場的壞習慣，更認為難得旅行，就放縱地大吃大喝。自然，這幫人點得滿桌子都是菜，跟鄰桌本地人餐桌上放著寥寥可數幾個碟子的狀況相映成趣。結帳的時候，侍應表示按餐廳的規定，吃不完的食物，得按重量繳付罰款。香港食客無名火起，大罵「這算甚麼待客之道？我的錢買我的食物，我吃不完是我的事，你憑甚麼要收我罰款？」連續用上幾個「我」字，可見他們的「自我」是何等膨脹！侍應不知道怎麼應對之際，鄰桌的德國老太太看不過眼，說：「不錯，錢是你自己的，但資源是社會的！」

老太太的話，擲地有聲。目光只注意到自己，哪兒會有社會？

哪兒來的社會？
●●●●●

另一位老太太的話也值得一再反省。那是英國前首相戴卓爾夫人（Margaret Thatcher）在1987年接受雜誌訪問時候說的話。她是保守黨人，政策上強調人們需要自力更生，這訪問之中，她極力表示群眾不能依賴政府援手。這裡試譯其中的一段：

> 「我想，長久以來，太多人接受了一種思想，認為有任何問題出現的話，政府就有責任去管。就是說，我出了岔子，就要接受援助。我沒房子住，政府就要安置我。他們把自己的難題拋給社會。你知道嗎？社會其實並不存在。我們只是個別的男人、女人和家庭。當人們撒手不管時，任何一個政府都沒有解決問題的方法。人們必須自己先想辦法。我們有責任照顧自己，也照顧鄰人。問題是，現在人們都強調權利，忽略義務。其實，誰沒有盡義務，就不該享權利。」

> *"I think we've gone through a period where too many people have been given to understand that if they have a problem, it's the government's job to cope with it. 'I have a problem, I'll get a grant.' 'I'm homeless, the government must house me.' They're casting their problem on society. And, you know, there is no such thing as society. There are individual men and women, and there are families. And no government can do anything except through people, and people must look to themselves first. It's our duty to look after ourselves and then, also to look after our neighbour. People have got the entitlements too much in mind, without the obligations. There's no such thing as an entitlement, unless someone has first met an obligation."*

戴卓爾夫人當政的上世紀80年代，英國的國營企業，像鐵路、郵局等紛紛脫離政府架構，走向不同程度的私營化。雖然減輕了公共財政的負擔，也迫使習慣了苟且偷安的公共機構面對市場競爭而發奮圖強。但也有人批評這是保守黨政府有意讓自己從應當扮演的道德角色中脫身。不論如何，撇開她的政治理念不講，即使是相信「沒有社會」的戴卓爾夫人，也強調個體與集體（家庭、鄰人）那種不可分割、唇齒相依

的關係。同樣是英國人的17世紀詩人約翰‧多恩（John Donne）也講過「沒有人是孤島（No man is an island）」。看來，獨處歐洲邊陲的大不列顛島民，對自己國家作為一個孤島，真有點反思。

我的私房菜館，沒有那麼宏大的理念，只想在煮煮吃吃的同時，提醒食客別忘記不在場的其他人而已。

延伸閱讀

◆◆◆◆◆

陳夢因（2007），《食經》，香港：商務印書館。

食物成本

一般食肆的食物成本（food cost）約在兩三成左右。其他六七分毛利，還得照顧工資、租金、保險、維修、燃料、電費、茶水、差餉、地租、生財工具折舊、宣傳、牌照等成本。七除八扣以後，純利往往只有一到兩分錢。也就是說，食客常常埋怨一碟普通的炒青菜賣個港元四五十元，但可能它的純利低於十元。

飲食業賺的是辛苦錢，不是虛話。大家下次光顧食肆的時候，就多點體諒，別老是雞蛋裡挑骨頭。讓人家賺得開心，自己吃得寬心，算是雙贏。

誰又可以保證，
不同的個體之間的所謂魚味蝦味，
甚至跟魚和蝦本身的「真正」味道必定相同？
進一步的問題就是，
有所謂的「真味」存在嗎？
究竟我們是如何理解身邊的人和事，
然後為這些東西找到定位的呢？

12

12

分子美食與社會建構

科學改變真味？

「分子美食」（molecular gastronomy）是飲食世界新興的玩意。看見「玩意」這詞，大概知道我站在哪個立場，但這並不是重點。何況，我畢竟是個社會學者，在分析資料和梳理論據的時候，必須保持抽離與客觀。然而，社會學的弔詭之處，正在於研究的對象是整個社會群體，及在其中互動的所有個體，這也當然包括研究者本身。如此，研究者能否堅持不把自己的判斷牽涉在研究過程中，本身就是一個值得研究的課題。但無論如何，讓我先把本身的立場抽離。那好！我得改動開始的那個描述句：「分子美食」是飲食世界新興的概念。

但說這是新興的概念，其實也不太準確。早在1988年，匈牙利的兩位科學家科迪（Nicholas Kurti）與蒂斯（Hervé This）已在意大利發展了多個研究烹調過程中化學與物理變化的計劃，並以「分子與物理美食」（Molecular and Physical Gastronomy）命名這一連串的計劃。後來，他們邀請廚師們加入研究團隊，將業界經驗與研究成果結合。於是，「分子美食」就幾乎變成了所有研究這門科學的代名詞。到了

2000年後，這門科學的名稱，才開始慢慢被一些廚師用來形容他們以科學為基礎、企圖打破傳統的一些烹調方法。在歐洲，甚至有食物生產商把食材事先用科學方法變成另一形態，再製成罐頭，並推出廚師烹調專用的針筒與試管，把廚房變成實驗室。

「分子美食」菜餚的特徵是出人意表，「眼看未為真」，刻意跟客人開玩笑，用新的形態或吃法來表現食物的味道。比如說，把魚膠粉加入龍蝦湯裡做成「湯凍」，然後把它切成小丁，放在喝馬丁尼用的斜身玻璃杯內，再用小號金屬湯匙盛著吃。這菜看似甜品，其實是頭盤的湯羹。又例如把哈密瓜汁弄稠，用針筒一小滴地擠到極低溫的液態氮裡，做成外貌幾可騙人卻入口香甜的綠色「魚子醬」。

「真味」存在嗎？
◆◆◆◆◆

對於「分子美食」，業界的反應大概有兩種。要不就是推崇備至，認為它是未來飲食世界的新希望、新出路，能引發隱藏了的食物真味；要不就是顰眉蹙額，說它不但不能算得上是烹調，而且把食物的真味變得模糊，對食物和真正的廚藝是大大不敬。雖然反應不同，但兩者至少都有著共同的假設：就是食物有一個叫做「真味」的屬性。像時下流行的，用來取笑飲食節目主持人詞窮的那句話：「魚有魚味，蝦有蝦味。」

要知道甚麼是魚味蝦味，必需要經歷一個學習的過程。一般是有人把他認為是「真味」的魚蝦端到你面前，你嚐了，然後牢記這就是魚味蝦味。問題是，味道是種十分主觀的感覺，甲與乙對「鮮甜」、「酸辣」、「鹹香」、「苦澀」等的理解很可能不一樣。再者，味道這東西根本不能用文字或者任何度量衡作準確的描述。這樣，誰又可以保證，不同的個體之間的所謂魚味蝦味，甚至跟魚和蝦本身的「真正」味道必定相同？進一步的問題就是，有所謂的「真味」存在嗎？究竟我們是如何理解身邊的人和事，然後為這些東西找到定位的呢？

知識與現實
✦✦✦✦✦

有關這課題，美國社會學者伯格（Peter L. Berger）與陸克曼（Thomas Luckmann）在上世紀60年代提出了「現實為社會之建構」（social construction of reality）的概念。他們認為，所謂的現實（reality），是一些既有的客觀存在（being），人們沒能力左右現實的存廢。比如說，月虧月圓的變化，是月球圍著地球公轉及地球自轉與公轉的結果。面對這個現實，人們可以選擇肯定或否定，或者肯定一些，否定一些。但不論是哪個選擇，這個結果就會變成他對這個事實的知識（knowledge）。個體的世界觀，就是依賴他在不同的領域所掌握的知識（而不是現實）累積而成的一套對現實的解讀（而不是現實本身）。因此，不同的個體對同一個現實有不同的解讀。人可以選擇相信月虧月圓是神體介入大自然運作的結果，也可以認為是月球定時定量，給某些靈體吃掉再吐回來的結果。但別忘記，這已經不再是個體的私人選擇而已，因為社會場景（social context）很大程度上模塑了個體如何解讀現實。把視線移動回飲食世界的話，這一點就再清楚不過了。

生米熟飯之間
✦✦✦✦✦

比如說華人最熟識的米飯。一般認為米飯最理想的狀況是香軟，粒粒分明，和十分籠統的「有飯味」。如果是糯米，水份可以多一點，飯身比較粘；如果是炒飯，那就必須乾爽。用同樣的包容，華人因此容易接受粘粘的日本米飯和乾乾的印度黃飯，但對於意大利飯（risotto）那種水汪汪的狀態，和所謂的嚼勁（al dante）就比較難接受了。這當然和華人解讀米飯這個「現實」的「知識」跟意大利人有所不同。

對於華人，米飯是主食，而且一般不會把它混合其他味道同吃，即使是廣東人冬天吃的煲仔飯，也只是把餸菜放在米飯之上，而不是把餸菜混在飯中同吃。因為飯餐的味道主要是來自餸菜，所以保持米飯的味道清淡，是個理想的安排。同時，華人的飯餐團體感強，不論是家宴或

社交宴會大多都是圍吃，為照顧不同口味，一飯多菜是普遍的飯餐架構，米飯清淡的話，食客才可以在一口飯一口菜的節奏之中，分得出不同餸菜的味道。再者，華人的餸菜除了是煎炸類外，一般都會有菜汁，即使是煎炸類，也會有蘸醬伴吃。於此，就更需要配合清淡及乾爽的米飯了。

意大利餐的安排裡，米飯不一定是主食。一飯多菜的情況也不存在。而且，每一道菜都是個別食客獨立進食的，圍吃的安排慢慢變得不流行。因為分吃，使飯菜同吃變得重要。於是，在煮意大利飯的時候，就會偶爾放進惹味的牛肝菌（porcini）、洋蔥、番茄乾，甚至其他醃肉和香草。米飯本身也是一道菜，要配酒喝，所以，味道可以比較濃烈，口感來得有嚼勁，也就不難理解了。

如此看來，甚麼是米飯的「真味」，就要看問題是在哪個文化場景裡提出了。當然，甚麼是「真味」，跟哪一樣好吃未必是同樣一個問題。這就牽涉到另一個課題了。

延伸閱讀
◆◆◆◆◆

鄒理民譯（1991），《知識社會學：社會實體的建構》，台北：巨流。（譯自Peter L. Berger and Thomas Luckmann, *The Social Construction of Reality: A Treatise in the Sociology of Knowledge*.）

基本版意大利飯

1. 洋蔥、香菇切碎備用。

2. 燒熱鑊下橄欖油（不必選用頂級的 extra-virgin，用炒菜的 pure 級就可以了）及少量牛油。

3. 調中火將洋蔥炒軟（這程序稱為「sweating」，就是要洋蔥流出香味，但不能炒焦，所以不能用大火。）

4. 下 arborio 米一起炒，讓米粒沾滿油份。

5. 潺白酒後下香菇炒香。

6. 調大火，下水一邊炒一邊讓米粒吸滿水份。

7. 再下水重複爆炒至米粒中間的白色部份消失。

8. 下胡椒調味，再下巴馬芝士碎。

9. 攪拌至米飯成糊狀即成。

10. 如想吃得更豐富，可以用雞湯或以番紅花（saffron）浸過的雞湯代替清水，也可以加入莎樂美腸粒、煙肉碎、番茄乾碎。

食物要「值得」吃，
至少得在色、香、味任何一方面找個依據點。
像鳳爪這東西，
瘦弱沒肉、皮包骨頭、無色無味，
的確「想不出任何道理」要吃它。

13

可吃不可吃

聯合國試食團

•••••

學廚的時候身在美國三藩市,同學來自不同國家,所以,常常會趁著週末相約一起品嚐城中的家鄉菜。一來解解鄉愁,二來長長見識。自己圈子的同學,就包括菲律賓人、日本人、意大利人、德裔英國人和愛爾蘭裔美國人。我們約好每一次由一位同學做領隊,介紹自己本鄉的食品。而且更會做餐後檢討,做一些腦震盪的練習,嘗試找靈感,創造新菜式,讓每個星期天學院對外開放的自助餐更加多姿多彩。三藩市也確實是塊福地,這個移民城市在飲食文化這方面十分包容。哪怕是最冷門的菜系,好像波斯尼亞菜、摩納哥菜、埃塞俄比亞菜等也能在這裡生存。我們各自的家鄉菜當然好找,於是,這個聯合國試食團就常常出動,以食為名,大吃三方。

「爪」不著依據

•••••

我領軍的那天,剛好遇上農曆新年,唐人街有舞獅表演,就在我們光顧的那家廣東酒樓附近。中國點心馳名遐邇,加上甚合洋人口味的大紅大綠裝飾,大鑼大鼓音樂,介紹本國食品,於我該是毫無難度。於

是，我特意挑戰這群未來大廚的底線。在這家於唐人街營業了三十多年的老牌酒樓裡，要了他們很少吃得到的廣東點心。那陣容可壯觀了：豬膶（肝）燒賣，薑蔥柏葉，椒醬鳳爪……這群同學們，有些已經在飲食業裡混了一段日子，嘴刁之餘，口味倒算是開放，天南地北的各種食材，沒甚麼是他們不敢吃的。但他們總要在其他國家菜式裡找到個類似的對照點，才能為此菜式定個標準，才能評價。比如說，吃豬膶燒賣，他們就拿英國的牛肉內臟餡餅（steak and kidney pie）對照；吃薑蔥柏葉，就拿美國土著印第安人的牛柏葉湯羹（beef stripe soup）對照。但到了我最愛的鳳爪，大家都找不到對照點，想了老半天，也想不到哪個國家的菜式會用上這雞爪子。那怕是旅居新加坡多年、把筷子用得出神入化、自認半個亞洲人的意大利同學，也對鳳爪無從入「腳」。他的角度是，即使沒有評價的對照點，食物要「值得」吃，至少得在色、香、味任何一方面找個依據點。像鳳爪這東西，瘦弱沒肉、皮包骨頭、無色無味，的確「想不出任何道理」（can't make sense of it）要吃它。經過一番思量，最後得到教授亞洲菜的華裔老師指點，終於讓我找到了一個依據點。我跟他說，華人有時候純粹為了口感而吃某種食物，鳳爪就是屬於這類。同學雖然不盡明白，但總算是個道理，兩個星期後，他終於嚐了人生的第一口鳳爪。

飲食三角形
◆◆◆◆◆

鳳爪的故事，說明了在不同的文化裡，對甚麼可吃、甚麼該吃有不同的依據。如果人類是純生物，像所有其他生物一樣，進食的目的都為攝取營養，延續生命，情況就簡單得多了。然而，人類的飲食習慣，偏偏有很多不明所以的地方。很難想像為甚麼人類會把一些乾掉的（風乾火腿、乾果）、腐爛的（納豆、腐乳）、發霉的（芝士、啤酒）、有毒的（河豚、銀杏）、氣味曖昧的（榴槤、蝦醬）、形態醜陋的（松葉蟹、海膽），甚至一些想像不到原來模樣的東西（果凍、粉絲）放進口裡。這些東西看似不能吃，但喜歡吃的卻大有人在。

文化人類學家李維斯特（Claude Lévi-Strauss）曾經提出「飲食三角形」理論（culinary triangle theory）。李氏認為，人類食物的不同形

態，大概可以分為三類，各自代表其文化高度，並可放在三角形的幾個角尖上，互相影響。首先，有生吃的東西，如水果、生魚片、蔬菜等，這些未經處理的材料，嚴格來講只能說是食材，不能算是食物，即使在最原始的文化裡，都會找到。其次，是熟食的東西，如麵包、烤肉、炒飯等，這些經過烹調的材料，可稱為食物，它們反映出某種文化要求：麵包要軟，烤肉要香，炒飯要熱。跟生食相比，熟食佔據略為高一點的文化高度，但相差不大。兩者大概可以放在三角形的底下兩角。至於腐食的東西，如芝士、啤酒、腐乳、米醋等，這些材料經過發酵或其他化學作用，本身的形態、味道、顏色、都與原材料不盡相同。而且，這些食物不一定有營養，更不一定可口，要懂得欣賞這些食物，需要一定程度的學習過程。當中的文化要求，比生食和熟食要高得多，所以，腐食可放在三角形的頂部。雖然如此，在不同的文化裡，三角形的三個角落互為影響，發展出不同的菜肴。像在美國加州流行的融和菜，就喜歡在吞拿魚柳的表面鋪上芝麻，然後略為煎一下，再切片，拌發酵的醬油吃，這樣一來生食、熟食和腐食全都包含了。

「能吃」與否是個社教化的結果
♦♦♦♦♦

上面說過，欣賞某些食物，需要經過一定程度的學習過程，這過程稱為「社教化」（socialization）。這是一個讓個體學習如何成為集體一份子的過程，當中，個體要調整自己，接受甚麼在群體裡能做和不能做。其實，這也包括了甚麼能吃和不能吃，以及體會如何透過獎賞與懲罰的社會控制，慢慢地把個體教化成為一個理想的社會成員。

就拿吃大閘蟹為例吧！從前吃大閘蟹還不大流行的時候，這玩意也只是中產圈子內的活動，後來吃大閘蟹成為秋季指定動作後，中產與基層百姓之間的界線變得模糊了。於是，又有人懂得飛到陽澄湖去現場吃蟹，而且在配酒、餐具、吃蟹程序等各方面大肆發揮。後來基層又發展了一套平民版本的配酒、餐具、吃蟹程序。於是，市場又出現蟹宴，要配炒飯、刺身、鮑魚。這一追一逐的遊戲裡，更可見社教化是如何被用作個體「晉身」另一階層的工具了。

延伸閱讀
◆◆◆◆◆

葉舒憲、盧曉輝譯（2001），《好吃：食物與文化之謎》，濟南：山東畫報。（譯自Harris Marvin, *Good to Eat: Riddles of Food and Culture*.）

周昌忠譯（1998），《神話學：餐桌禮儀的起源》，台北：時報。（譯自 Claude Lévi-Strauss, *The Origin of Table Manners: Mythologiques, Volume 3*.）

小錦囊

醃鹹柑橘

柑橘既有觀賞價值，也有食用價值。特別是農曆新年過後，年橘不一定要扔掉。用鹽醃過的鹹柑橘有理氣、解鬱、化痰和醒酒等療效。搗爛後加熱水沖飲，可消膩止嘔，消腫安神。搗碎的鹹柑橘還能用來醃肉，由於柑皮含有果酸，能有效分解肉類裡邊的蛋白質，肉會變得鬆軟。

醃鹹柑橘步驟：

1. 準備一個寬口的玻璃瓶和粗鹽。把柑橘洗淨，拭乾水份。

2. 在瓶底放一層鹽，再放幾顆柑橘。放第二層鹽後，拍打瓶身，讓兩層鹽把柑橘完全封住。

3. 梅花間竹地放鹽和柑橘，並重複拍打動作。到放滿柑橘後，再放鹽至瓶頂。

4. 用保鮮紙蓋好，封蓋。以保鮮紙扭成膠繩子封閉瓶蓋跟瓶身的縫，蓋面寫上封瓶日期。

5. 把柑橘放在陰涼處至少三年方可使用。

這群年輕人的生活世界，
似乎只圍繞著自己所學的專業。
幾年前，同一個課程裡，
我驚訝於同學說唯一接近烹調的經驗是「煮即食麵」。
去年，唯一的烹調經驗已變成「泡麵」。

14

14

從廚房看班房

天子門生的「新」發現

過去幾年，我應朋友邀請，為某大學的學生辦過幾次煮食訓練營。兩天一夜裡，除了介紹飲食文化，還與他們談及買菜、烹調、擺設食物的技巧，食物和餐酒配搭原則等。 重頭戲當然是由學生自己炮製的自助早餐和晚餐，還有晚上的試酒會。為了讓他們往後能學以致用，我選擇了一些看似複雜，卻絕對可以在大學宿舍、用一塊小小電熱板就弄得成功的菜式。最近一次的菜譜裡，晚餐菜式包括蟹子龍脷魚卷、農夫薯蓉、肉丸意大利麵、芝士煙腸豬排夾、凱撒沙拉、烤雜椒沙拉配油醋汁、紅酒浸蜜梨。至於早餐，是最地道的港式茶餐廳食物：瑤柱白粥、火腿炒蛋豬肉腸、西多士、五香肉丁炒公仔麵。

本來，訓練營的目的是讓他們學會欣賞飲食文化，從而反省人與食物之間的關係，但相處下來，發覺這群天子門生對日常吃的用的所知甚少。有趣的「原來」有：「原來粉絲的原材料是綠豆啊」、「原來自己可以煲粥啊」、「原來牛肉丸是這樣做的」、「原來把公仔麵粘在一起的是麵粉啊」、「原來燙熱水時，魚皮比魚肉收縮更多更快」、「原來凱撒沙拉醬是用蛋黃醬打成的」……這些令人聽得驚訝的「原來」，不但

反映了他們對吃進口裡的東西不甚瞭解，還說明了這群年輕人的生活世界，似乎只圍繞著自己所學的專業。幾年前，同一個課程裡，我驚訝於同學說唯一接近烹調的經驗是「煮即食麵」。去年，唯一的烹調經驗已變成「泡麵」。同學們的飲食世界，似乎越縮越小。除了個人是否願意踏出這一步外，制度化的學校教育，其實某程度上已經控制了個人世界的大小。這個訓練營，讓我從廚房的角度，看到班房的發展。

學校教育控制個人世界的大小
◆◆◆◆◆

學校教育是18世紀後期，在都市化與工業化進程中衍生的制度。從前在農村社會裡，小孩能夠學習，而又需要學習的無非是一些簡單的謀生技能，這些大可依靠父母或者氏族裡的長輩親自傳授。學習的成果也不必接受任何評核，更不必留下評核記錄。反正集體對個別孩子的成長歷史、個人特質、優點缺點都一清二楚，遇有求職時需要諮詢人，也可以透過面談取得有用的參考資料。然而，工業化以後，經濟生產模式轉變，大量家庭遷移到都市裡的工廠謀生。在新的工作日程之下，成年人不可能像從前一般日出而作，日入而息，也難有足夠的時間向孩子傳授知識。況且，工業生產的模式極需要工人懂得寫字和計算，加上其他操作機器的知識，家庭不得不把教育和訓練的工作交給專業人員和科層機構。同時，在都市這個陌生人的世界裡，鄰居尚且互不認識，何況前來應徵工作的人？於是，社會漸漸需要一些客觀的評核，並對這些評核列出憑證。在這些背景下，便出現了現代化的專職教育機構——學校。

學校是中途站
◆◆◆◆◆

社會學的不同學派，對學校教育有不同的看法。功能學派（functional perspective）認為，學校既是社教化的工具（socialization agent），也是連接家庭和社會的一個中途訓練機構。它的主要功能，是把主流社會的價值觀和運作規則，透過種種教學活動灌輸給學生。可以說，

學生在校時所經歷的一切,包括公事公辦、賞罰分明、績效為上、鼓勵競爭和負面的如爾虞我詐、見利忘義、合縱連橫、見異思遷等都是整體社會的縮影,目的是讓他們準備成為社會的成員。同時,學校也扮演分類和甄選的角色,通過考試和其他的評核方法,把個體分配到社會上不同的位置,各司其職。這樣,學校便發揮了穩定社會的功能。當然,這些都只是學校教育的外顯功能(manifest function)。學校教育還有其他潛藏功能(latent function),比如說,它提供一個相對自由的環境,讓年輕人可以培養次文化,並以另類角度審視社會,讓他們對現狀提出新的想法和意見,促進社會發展。其次,學校為雙職父母照顧孩子,令他們放心投入經濟活動,提高生產力。同時,學校能盡量留住相對便宜的年輕勞動力在校內,避免拉低勞動市場的工資水平。除了在勞動市場發揮功效外,學校聚集同年齡及處於相同社會階層的年輕人,讓他們有大量的互動機會,促進階層內的婚姻。由於背景相似,這種婚姻相對穩定,也間接使家庭和社會更和諧。

學校是控制社會的工具
◆◆◆◆◆

衝突學派(conflict perspective)受馬克思背景影響,相信學校是控制社會的工具。學校透過階級之間的權力安排(例如校董、校監、校長、科主任、級主任、班主任等),複製資本主義制度裡的剝削狀況,使之更合理化。而校規、制服、標準答案等,則令學生放棄自我、跟隨權威、為精英階層創造有利的管治環境。學校也藉著各種賞罰機制,教育學生尊重上級、嚴守紀律。並鼓勵學生、老師、以至校長各安其份,令他們相信階級關係是有利整體穩定的。學校更組織學生如領袖生、班長、風紀隊,一起捍衛社會的穩定,以方便資本主義經濟生產。而精心設計的課程內容,也讓統治階層把自己的一套文化界定為有價值的、值得追求的「知識」,例如音樂課只教授「高尚」的古典音樂,而拒絕「低俗」的流行音樂。高舉學校所傳授的文化資本,更強調其可被轉化成地位、權力與財富。學生爭相仿效之下,畢業以後就會成為新一代維護資本主義制度的生力軍。

學校傳授地位文化
●●●●●

韋伯學派（Weberian perspective）跟衝突學派有相似的看法。但特別強調，學校課程的形式與內容，是社會上不同的利益集團之間角力爭奪的結果。得勝的集團，可以調校課程，以傳遞他們偏好的那套地位文化（status culture）。所以，課程的內容並不是重點，反而傳授課程背後那套地位文化，讓學生成為理想中的「有教養」的人，才是教育的最終目的。在學校裡，這些被成功調教成「有教養」的個體，可被選拔加入精英階層。而失敗的一群，也會被灌輸尊重精英階層的價值觀及文化，間接強化統治權威。

從犯錯中學習
●●●●●

我們辦的煮食訓練營，當然沒有上述那些偉大的目標。只希望學生在煮食過程裡，體驗到種種不同的可能。所以，我沒有跟他們講甚麼菜式應該怎樣煮，只在開始前講解一下食材的特性和烹調的原則。遊戲規則是：他們可以犯錯，但事後必須查找不足，總結經驗。所以，每次煮菜之後、進食之前，他們都要匯報所犯的錯誤，互相批評和給予建議。這不是上述任何一個學派所主張的教育目的，但我跟同事們都覺得，這才是教育。

延伸閱讀
●●●●●

金耀基（2000），《大學之理念》，香港：牛津大學。

何強星主編（1999），《社會學探論：理論與香港本土研究》，香港：學峰文化。

表面複雜實則簡單小菜式

1. 蟹子龍脷魚卷：

龍脷柳捲成卷狀，魚皮一面捲向內（即捲時向上），用加了胡椒粒的上湯浸熟。上放蟹子裝飾。

2. 農夫薯蓉：

薯仔用錫紙包好，放滾水內煲熟，以小刀能輕易刺穿為準，切丁留用。洋蔥、番茄及香腸切丁。以滾油炒軟洋蔥、番茄及香腸，加入薯丁略炒。調慢火加入牛奶至理想濃稠度，加入芝士，調味後即成。如不能吃牛奶，可用清水代替。

3. 肉丸意大利麵：

滾水下鹽和橄欖油，乾意大利麵下水煮至有嚼勁，熄火加蓋焗兩分鐘。用冷水把麵條來回沖洗至涼透（此做法讓麵條更有嚼勁）。在碎牛肉中下麵包碎雞蛋及鹽，向同一方向攪拌至結成肉糰，再捏成小肉丸。滾水下肉丸浸熟。肉丸水留用。油鑊炒香番茄粒，下肉丸水煮至水份蒸發八成。下肉丸再煮至熟，淋在意大利麵上即可。

4. 芝士煙腸豬排夾：

無骨豬排起雙飛後上鋪保鮮紙。用小煎鍋把豬排拍薄。拿開保鮮紙，在半邊豬排上，依次序放上碎香草、鹽和胡椒粉、莎樂美腸塊及碎芝士。夾上豬排後鋪回保鮮紙，再拍打豬排至薄身。滾油煎香豬排，薄豬排容易熟，煎的時間不必太久，轉色即可。

5. 凱撒沙拉：

雞蛋黃高速攪拌，將菜油逐滴攪入。這過程不能心急，要給時間讓蛋黃與菜油充份結合。待混合物變得濃稠時，可每次多加油份。加入捏成泥狀的銀魚柳及碎芝士，再慢慢拌入新鮮檸檬汁至適當濃度即成為可拌羅馬生菜吃的凱撒沙拉醬。吃時可加入烤麵包粒及碎煙肉。

6. 烤雜椒沙拉配油醋汁：

雜椒放火上直接烤至椒皮變焦。放入冷水裡稍浸。撕去椒皮及椒子後切絲備用。此程序一方面方便雜椒去皮，同時添加一種烤過的香味。用一份醋三份油的比例，把意大利陳醋和菜油調和拌吃。由於陳醋會令雜椒變黃，宜在吃前才拌入油醋汁。

7. 紅酒浸蜜梨:

香草莢(vanilla bean)中間切開,把黑色的香草籽刮出放紅酒內,加入紅糖煲滾成糖酒。蜜梨剝皮去籽開半,放糖酒中浸隔夜。吃前取出蜜梨切片成扇狀,拌雪糕及糖酒吃。此甜品可熱吃,也可冷吃。用剩的豆莢放乾後可加進鹽或糖瓶內,做成香草鹽或香草糖。

8. 瑤柱白粥:

瑤柱浸水隔夜,和薑片放水中煲滾。米用鹽和油拌勻備用。放鹽可使米比較容易變軟,而且爆開(廚房裡稱為「開花」)。米粒釋放大量澱粉質之後,粥才會變得濃稠(即所謂「綿」的口感),油份能令粥變得滑一點,也幫助米粒在水中分開。水滾後放入米粒,略為攪拌。待水打滾出現對流後,停止攪拌。米與水的比例難以劃一,要視乎所用米種及個人喜好而定,一般絲苗米可用米與水1:8的比例。

9. 火腿炒蛋豬肉腸:

豬肉腸身用刀劃斜紋,大火煎至硬身。火腿切絲,雞蛋加鹽、油與火腿絲拌勻成蛋漿。中火油鑊加入蛋漿快炒即成。此菜式動作要快,而且不能過火。炒蛋以滑身及不流出蛋液為佳。

10. 西多士:

白麵包去皮,塗上花生醬。兩塊夾成一塊備用。雞蛋拌勻成蛋液。麵包沾蛋液後用大火煎香拌糖漿即成。由於麵包容易吸油,因此必須用大火快速把外層的蛋漿煎熟,以防止麵包吸收太多油份。

11. 五香肉丁炒公仔麵:

公仔麵燙熟後放冷水中沖洗,以減少澱粉凝聚,避免結成塊狀。拿出麵條瀝乾水份備用。平底易潔鑊內放油,下五香肉丁略爆炒,加入麵條快炒即成。如果水份太多,麵條在鑊中太粘的話,可以乾脆改做煎麵。用鑊鏟輕壓麵條,鑊邊下油。輕輕旋動煎鑊。當聽到麵餅跟鑊底有摩擦聲音時,代表麵餅底部已變硬。可以把麵餅反過來再煎至聞到香味即成。

誰被誰吃掉

蘭芳園的轉世，
路線曲折，
過程頗堪玩味，
這與它周邊環境及
身處的當代社會變化頗有關係。

15

蘭芳園的轉世路線圖

古人，今月
•••••

偶爾有機會，早上到中環結志街的一家麵店吃「片頭米」（炸魚片頭米粉）。選這家麵店，是有個人原因的，麵店旁邊就是祖父上世紀初經營的洗衣店舊址。祖父是鄉間少數有勇氣「出城闖天下」的青年，隻身來到這片人生路不熟的英國殖民地，與鄉里合資，從替附近民居洗衣物開始打拼。洗衣店取名「合勝」，很有「齊心合力，人定勝天」之意。後來鄉里轉為經營收買行業，祖父惟有獨擔大旗硬撐下去。根據爸爸憶述，當時「合勝」前舖後居，祖父一力承擔家裡的開支，雖然經營艱苦，但總算粗茶淡飯，養活了父親和伯父們。他天性豁達，疏財仗義，儘管自己負擔沉重，還是常常急人之難。「合勝」還充當來港族親鄉里們的臨時落腳處，吃飯時候，就像個小型的旅港同鄉會。

不難想像，久而久之，街坊鄉里自然聚此聊天，也因此成就了幾段親戚和鄰居之間的街市情緣，那個時代鄰舍關係之密切可想而知。「合勝」在上世紀60年代結業，祖父不久仙遊，當時我還未出生，沒有機會親身聽

他說結志街的故事。以前的種種，都只是偶爾從爸媽「想當年」的口中得知。「古人不見今時月，今月曾經照古人」。從今天爸爸疊衣服時的一絲不苟，我想祖父應該也是個做事十分認真的人，才會教出這樣的孩子來。再想自己，我何嘗不是繼承了咱家那種特有的執著？我一邊吃著「片頭米」，一邊想著父執們當年在結志街的生活點滴，我坐著的這張椅子，會不會是他們當年常常坐的那張呢？回過神來，瞥見斜對面的蘭芳園。

「大牌」不大牌
◆◆◆◆◆

蘭芳園是一家經歷五十多年的「大牌檔」食店。二次大戰後，政府為撫恤戰時殉職的公務員家屬，特別發出牌照，讓他們可以在街道兩旁經營小型食店，以謀生計。由於牌照必須附上持牌人的照片，比一般的商業牌照要大，更須懸掛在檔口的當眼處，市民於是簡稱這種店舖為「大牌檔」。店舖也習慣並排經營，以熱鬧的氣氛招徠生意，「排」與「牌」同音，所以也有人稱之為「大排檔」。因為牌照是為撫恤遺屬而設，只有持牌人在生時才有效，而且不能轉讓。於是，有年老的持牌人，就乾脆把牌照私下轉租給別人經營，自己以收租為生，蘭芳園就是在這種轉租下問世的。

蘭芳園最初是茶檔，售賣咖啡奶茶之類的飲品，也兼營簡單的小吃三文治之類，夏天也供應冷飲，嚴格來說，應歸類為冰室。經歷了70年代的工業發展、80年代的地產市道飆升、90年代的經濟轉型，蘭芳園的顧客，也漸漸從往日愛喝刺激黑咖啡的工人與無產者，換上小口小口呷著香滑奶茶的白領和小資產階級。為適應時代的轉變，鴛鴦（奶茶混咖啡）和用棉布袋盛著茶葉沖泡的「絲襪奶茶」及「豬扒包」、「薯仔番茄湯通粉」、「奶油多士」、「薑蔥雞排撈丁」等飲食新貴也陸續出現。1975年後，政府開始陸續蓋建市政大廈，把「大牌檔」遷進大廈的熟食中心內。同時，政府在公共屋村內也興建俗稱「冬菇亭」的室內熟食攤位，「大牌檔」開始式微。到了1983年，政府以改善衛生，重整市容為理由，停止簽發新的「大牌檔」牌照，讓現有的「大牌檔」慢慢自然流失，目前，只有少量檔口還在經營當中。

2005年，蘭芳園附近伊利近街的另一家「大牌檔」民園麵家持牌人逝世，店舖面臨結業，傳媒和民眾紛紛關注，並要求政府重新檢討「大牌檔」管理政策，要平衡都市發展與保留集體回憶。幾經周旋，政府並沒有改變立場，民園麵家最終結業，只在原址附近以茶餐廳形式繼續經營，但往日街檔的情懷已不復再。事件使這個習慣急速變化的香港社會驚覺保留「大牌檔」這種文化遺產的重要性，越來越多人慕名到訪還在經營中的蘭芳園。而蘭芳園也從街邊小檔，經過幾次翻新，變成街檔加小店的混合經營模式，後來還在結志街上開了分店。更從一家茶檔，變成民眾集體回憶的一部份。同時，民眾也漸漸關注就近的嘉咸街活化重建計劃，希望在不斷變化的都市工程裡，能留住民眾的社會網路，保護和諧的社區關係。

轉世蘭芳與「人文區位學」
◆◆◆◆◆

蘭芳園的轉世，路線曲折，過程頗堪玩味，這與它周邊環境及身處的當代社會變化頗有關係。蘭芳園所在的結志街，與垂直交錯的嘉咸街和卑利街，合組成一個自然的露天市場。其中肉類、蔬菜、水果、米、麵粉、燃料、茶葉、油鹽醬醋及副食品供應充裕，而且民居、小商店（包括「合勝」）、上班一族、遊客都是源源不絕的客源。一切營商必須的硬件軟件都一應俱全，原本就佔盡「天時地利」，加上民園事件引起的「保存社區原貌，愛護集體回憶」訴求，就更為蘭芳園的重新定位注入了「人和」的動力。

蘭芳園的故事，大概可以用「人文區位學」（human ecology）的理論框架去分析。人文區位學是上世紀20年代，由社會學芝加哥學派學者派克（Robert E. Park）倡議的一套分析架構。按照這分析架構，都市發展就像生物的區位發展一樣，都市裡的每個元素，都必須與周邊的環境磨合、競爭、共生。但生存的總目標不一定只為存在而已，都市元素還有更高的秩序和追求。他認為個別都市元素在每一個層次的提升當中，都會經歷幾個過程，這包括競爭（competition）、衝突（conflict）、順應（accommodation）及同化（assimilation）。

前世今生
◆◆◆◆◆

「競爭」是指元素之間各自爭奪所需要的生存資源、空間與位置。蘭芳園就曾經面對持牌人和業主大幅加租的困難,而原址檔口因為遮擋著後面的舖位,也使相關的舖主、地產代理等多番向蘭芳園投訴。「衝突」是指元素之間的持續磨合過程,使它們向不同的方向流動,以達到自己最安穩的狀態。像民園和蘭芳園,都曾經因為牌照問題,與持牌人及政府、政客、街坊、民眾各個利益集團產生不同程度的衝突。而衝突發生時,政府與民眾之間,就會產生不同的政治秩序,像民眾向政府請願,地區團體成立重建關注組織等。在這政治秩序的衝突過程裡,元素和原則就會自動流向主從的關係。究竟維持市容衛生,配合都市發展重要?還是保存集體回憶,培養本土意識重要?

然後,各個元素就會以實際的角度,「順應」衝突的結果。所以,一方面民園和蘭芳園不得不由純「大牌檔」轉型為店舖,另方面也得接受都市生活的節奏改變,而改變產品的種類和口味並以口碑和顧客的支持作為生存的後盾,也增加自己在競爭過程中的談判籌碼。當一切都塵埃落定以後,透過「同化」的過程,原本有利益衝突的元素,像蘭芳園、它的競爭者和附近的店舖,就會分享一個共同的價值。比如說,大家都認同「大牌檔」和露天市場是香港特有的文化,應予保留。甚至加入了好些人義的價值和感性的論述在內,再甚者,會將此與香港人的「拼搏精神」扣連一起,把維持社區網絡、保護文物原貌等訴求賦予道德意義。因此,各個元素所追求的,已經不光是自己的生存空間和位置,而已經把目標從區位秩序,漸次提升到道德秩序的層次了。

延伸閱讀
◆◆◆◆◆

Robert E. Park, Ernest W. Burgess and Roderick D. McKenzie(1967). *The city*. Chicago: University of Chicago Press.

「大牌檔」足跡

「大牌檔」越來越罕有，除了中環士丹利街、深水埗耀東街規模較大外，其他還在經營中的獨立「大牌檔」已經幾乎不見了。其實除了美食以外，「大牌檔」的用語也十分有趣。以下是一些節錄，算是向「大牌檔」致敬。

靚仔 = 白飯

米皇 = 白粥

擺尾 = 魚片粥

例水 = 例湯

扣面 = 少餸菜

扣底 = 少飯

雙扣 = 餸菜與飯同少

走色 = 不要醬油

細蓉 = 雲吞麵

打爛 = 炒飯

茶走 = 熱奶茶加煉奶

可力 = 好立克

O 水 = 檸檬水

O 茶 = 檸檬茶

生春 = 太陽蛋

熟春 = 熟蛋

單春 = 煎單蛋

孖春 = 煎雙蛋

攬住 = 蛋治（雞蛋火腿三文治）

隊住 = 腿治（火腿三文治）

嘔住 = 牛治（牛肉三文治）

C 誰被誰吃掉

15・蘭芳園的轉世路線圖

總的來說就是一句：
「貧窮對整個社會而言發揮了正面的功能。」
這裡邊其實有兩個值得商榷的元素：
「正面」與「整個社會」。

16

窮，風流嗎？

從烹調內臟說起
•••••

早前完成一個以內臟為食材的烹煮示範，主持人做了羅馬式番茄燴牛肚（Trippa alla Romana），我做了鴨腎飯、枸杞豬肝湯和姬松茸蘿蔔炆牛筋，算是半中半西，合該和味。

這不光是個美食節目，更希望透過觀察食材和烹調方法的演變，帶出社會與文化的變遷。所以，主持人介紹羅馬人如何以牛肚作菜之餘，也提到當地的慢食習慣，如何與今天事事講求效率的風氣不同。至於我選用的那幾道材料，一看便知是所謂的「下欄」貨，從前絕對沒可能登大雅之堂，卻是窮人珍而重之的廉價補品：枸杞補眼、豬肝補血、鴨腎補氣、牛筋的豐富骨膠原當然補骨健齒。這自然帶到一個十分直接的結論：「窮人吃的還不錯啊」、「窮人總有他們的生活智慧」，也自然地引伸到「窮，要窮得有骨氣」、「窮得快樂、窮得風流」等十分浪漫的論述，最終使人同意：「貧窮，也還好啊！也不是大問題啊！」

但，窮，真的風流嗎？

貧窮的正面功能
◆◆◆◆◆

70年代，美國的社會學界由功能學派（Functionalist School）獨領風騷。他們的保守立場及濃烈的精英主義色彩，久為其他學派詬病。筆伐奇文當中，甘斯（Herbert J. Gans）1971年在「社會政策期刊」發表的「貧窮之用」（*The Uses of Poverty: The Poor Pays All*）最為精彩。甘文不慍不火、卻以十分辛辣的筆觸，向功能學派大師莫頓（Robert Merton）開刀。文章初段讓人一邊看一邊抹汗，為甚麼都把貧窮說成是對社會莫大的祝福、幾乎值得立法保護令它一直延續下去？到了末段，才知道其實整篇所說的都是反話，目的是諷刺功能學派大抵會認為貧窮也有其正面的社會功能云云。

首先，窮人為了生計，就業時沒得選擇，願意擔當一些像倒垃圾、清理污水、處理核廢料等厭惡性工作。於此也間接地讓其他階層的人力資源可以集中在一些注重思考的創新研究之上。這些擔任厭惡工作的窮人，由於資源有限，吃的用的、衣服鞋襪、魚肉菜米、文具傢具，多半是次貨爛貨，這就等於充分地利用社會的所有資源了。而且，窮人也不介意循環再用二手貨，這實在對保護環境有一定貢獻。與此同時，長工時、低工資、缺乏健康保險，使他們生活各方面，無論是社交、經濟、健康都面對大大小小的問題。於是，貧窮也讓一些以抗貧、扶貧、滅貧為職志的專業服務有用武之地。也就是說，醫生、護士、社工，甚至以爭取窮人利益為目標的基層工會、左翼政黨等英雄們頭上的光環，多少都沾了窮人的血汗。沒有權力的窮人，也往往是社會變遷的實驗品，所以，開發新區、測試新藥、先導計劃、發動戰爭、都少不了窮人的身先士卒。用功能學派的術語，窮人吸納了社會發展與變遷的成本（absorb the cost of change and growth）。

貧窮也幫助穩定社會。主流社會習慣把窮人「污名化」（stigmatize），把罪案、懶惰、傳染病、道德低落等理想生活的眼中釘都與貧窮扯上關係，甚至設立種種機制，懲罰懷抱這些元素的窮人。一個明顯的例子是，每年警方公報的罪案數字都重複強調貧民區是如何的藏污納垢，卻因為保安理由，從來不公報各區的警力分佈，或比較貧區

富區之間，輕微罪案與嚴重罪案的比重。但即使貧富與罪案有聯繫（association），也不一定有因果關係（causal relationship）吧！然而，一大堆科學的統計結果，往往使其他階層的民眾清楚意識到主流社會的行為規範、衛生要求與道德底線，並會以此警醒自身的生活模式，趨善避惡，使自己不致墮入窮人那種神憎鬼厭的境況。同時也「守望相助」，防止罪案（和貧窮）繼續破壞社會秩序。於此，窮人（也就是罪犯）除了為執法和司法人員創造就業機會外，也令其他階層的民眾（非窮人）更加團結，讓社會更和諧穩定。另一邊廂，窮人無法掌握資訊的控制權，所以也沒能力把污名抹去，繼續披上這些罪狀牌。而在非窮人眼中，窮人自甘墮落，不思進取，間接刺激大眾奮發向上，掙脫貧窮。不難發現，家長總愛以乞丐為例子，教訓（也恫嚇）孩子們努力學習，為將來的生活（生計）打算。於是，整個社會也變得積極進取，充滿活力。

窮人資源有限，但總會苦中作樂，發展獨特的生活文化，這也豐富了整體社會的文化生活。街頭小吃、平民美食（如文首提到的內臟烹調）、怨曲民謠、雜耍武術、相聲説書、民間故事等，都是窮人在悶得發慌的生活裡，憑自己的智慧創造出來的自娛活動。然而，在發展旅遊業時，這些元素常常透過精工處理的（假）景點（如「某某古城」、「某某舊街」、「某某故園」）、經美學打造的特色手信（如京都木屐、夏威夷草裙、新會葵扇）、改良版的精緻美食（如美國紐奧良秋葵濃湯Gumbo、台南脆炸臭豆腐、秋田醬油燒飯糰）、毫不辛酸的民間表演（去政治化的茶居説書、村姑頭頂碗、孟買拉茶）等，被塑造成為該地區的標誌文化。貧窮的貢獻，不可小覷。

但，窮，真的能風流嗎？

隱形的窮人
◆◆◆◆◆

上面一節功能學派的理性分析，聽起來是硬道理，很難説毫無可取之處。總的來説就是一句：「貧窮對整個社會而言發揮了正面的功能。」這裡邊其實有兩個值得商榷的元素：「正面」與「整個社會」。

先説「正面」。所謂的「正面功能」，究竟為誰帶來了「正面後果」？貧窮繼續存在切合誰的利益？為誰帶來了發展、進步、機會、財富？為誰提供了道德底線、行為規範、團結理由、和諧安穩？豐富了誰的文化生活？增添了誰的旅遊樂趣？眾多問題，一個答案：就是「非窮人」。是所謂的主流社會、「非貧窮階層」的民眾。人從甚麼利益立場出發，便建構了甚麼樣的社會現實（social reality）。然而社會現實，往往是事實的演繹（the interpretation of truth）多於事實本身。對於「非窮人」及已經脫貧的人，上面的硬道理必是不容扭曲，但對三餐不繼、捉襟見肘、家徒四壁、有一天過一天的窮人，這些硬道理實在硬得冷冰冰、看不透、更啃不下。情況就像跟奴隸説人人平等一樣，硬道理和他們之間的距離，比地球與火星之間還大。但是，對整個社會而言，貧窮的確是必要的呀！那就得聯繫到另一個概念：「整個社會」。

抽離地討論「整個社會」（the entire society）的時候，論者容易把它約化成概念層面的「每一個個體」（each and every individual），好像這些個體全部都擁抱相同的世界觀與利益立場一樣。但現實當然不是這樣，整體往往是由不同的群組（clusters）組合而成。他們各有各的理想、生活模式、價值觀與利益立場，而「整體」是否存在，端賴它是否包容著每一個個體。如果任何一個個體在有意無意之間遭忽略、歧視甚或隔離的話，那麼剩下的最多只能夠是「大多數」，不是也不可能是「整體」。這樣看來，在討論貧窮的正面功能時，所謂的「整體社會」並沒有將窮人包括在內。窮人和他們的利益遭唾棄、放逐、掩蓋。他們，隱形了。

窮，還風流嗎？你説呢？

延伸閱讀
◆◆◆◆◆

Herbert J. Gans(1971) "The Uses of Poverty: The Poor Pays All" in *Social Policy*, July/August 1971, p.20-24.

內藏真寶

1. 羅馬式番茄燴牛肚

燒熱水加白醋及檸檬汁,牛肚(金錢肚)洗淨下水煲至少 30 分鐘。放涼切條後備用。西芹、紅蘿蔔、番茄、洋蔥切絲中火炒香,牛肚回鍋加上紅甜椒粉(paprika),上蓋調慢火炆至軟身。下鹽、黑胡椒和芝士碎調味,這個做法也可以用於烹調牛百葉或豬肚。這菜可以熱吃,可以涼吃,更可以配麵條、麵包同吃,是羅馬地區的家常菜。配酒方面,早前一位「饕酒達人」朋友介紹的德國熟成「薏思琳白葡萄酒」(Riesling)就十分匹配。此酒輕而薄,甜度高,剛好中和番茄和胡椒的濃味。一般葡萄酒的酒精含量是 11% 至 14% 左右,但這酒只有 8%,也是葡萄酒裡較少有的,所以特別容易入喉。

2. 枸杞豬肝湯

早上購買的豬肝比較新鮮。由於肉檔一般沒有冷藏設備,豬肝從上一直暴露早空氣之中,顏色難免會變得暗啞。部份肉販會在上面塗上豬血,豬肝變得外表風光、內裡骯髒。枸杞是冬天菜,農曆十月、十一月左右當造。相熟的菜販說,第一造的枸杞收成一般不太理想,菜葉小而硬,而且味道較淡。當造的第二個星期,收成會好起來,但準備的時候就要格外小心,因為隨著菜葉大,菜梗的刺也變得更硬更尖。

豬肝切片,每塊約半公分厚。加薑汁紹酒拌勻備用。枸杞菜葉洗淨備用。熱油鍋下薑片爆香,下鹽和水燒熱。先下豬肝燙至粉紅,再下枸杞菜葉。待枸杞燙熟及菜葉變軟時,下魚露調味即可。

3. 姬松茸蘿蔔炆牛筋

燒熱水加薑片及紹酒，下牛筋煲滾，熄火蓋好待涼。重複此程序兩三次至牛筋稍微變軟。比較理想的方法是煲滾後放過夜待涼。拿出牛筋切塊備用。姬松茸熱水浸軟，由於海味一般會以硫磺焗過，遇水將成稀釋的亞硫酸和硫酸，所以要倒掉第一次浸姬松茸的水，再添新的熱水待涼備用。蘿蔔削皮切塊備用。熱油鍋爆香蒜粒，乾蔥，薑片。下牛筋蘿蔔與姬松茸爆炒。下紹酒、蠔油、冰糖、魚露，再下水至剛蓋過材料，煲滾後調慢火蓋好，炆煮至牛筋變軟即可。留意下魚露時，先下小量，待差不多煮好前，水份蒸發完再酌量調味，這樣牛筋味道才不致太濃或太淡。

4. 鴨腎飯

乾鴨腎洗淨。燒熱水加薑片，下鴨腎煲滾後調慢火蓋好。用時取出鴨腎切花，這樣可使鴨腎在煲飯過程中更容易出味，而且也比較美觀。鴨腎湯留起，洗好白米，加鴨腎湯及適量水份。鴨腎放白米層中間，如常煲飯即可。

今天活在都市的人，
很容易把眼下的一切生活習慣
看成順理成章、自然不過。
學生變壞，是老師的問題；
病人不好，是醫生的問題；
治安太差，是政府的問題。

17

即食麵 PK 蝦子麵

即食麵的代名詞

上世紀60年代,即食麵由日本傳入香港。這種快捷、簡便,幾乎人人會弄的速食剛好遇上香港輕工業發展、人人趕時間的年代,很快就被吸納進家家戶戶的副食品名單中。而本地飲食地標茶餐廳,也把即食麵跟火腿香腸煎蛋、牛油麵包、咖啡奶茶放在一起,成就了發亮半世紀、填飽不少工人口腹的港式「全餐」。即食麵最初流行的品種,其中一個品牌商標印著一個洋娃娃,即是廣東人說的「公仔」,於是「公仔麵」變成了一個種類名稱(generic name)。後來登陸的另一品牌,名稱有個「丁」字,於是又有「丁麵」這種叫法。有些品牌,還看準兒童市場,推出可以當餅乾吃的小型包裝,便又有媽咪麵、福字麵、點心麵等的類別出現。都市人的工作時間越來越瘋狂,連在廚房煲水煮麵,吃完後洗好碗筷的時間都沒有。於是,連即棄食具放在盛器裡的泡麵如碗麵、杯麵便應運而生。經濟發展起來了,食客對消費品有所要求,即食麵也不能因循。接下來的發展,除了要省時間以外,即食麵還得營養豐富、少油高纖、附有配料、口味繁多、東西結合……到了現在,每當加班熬夜、颱風吹襲、天寒地凍、忙裡偷閒、無心燒飯時,很多人腦袋裡出現的,還是那碗熱騰騰的軟滑麵條。彷彿吃進口裡的,除了麵條,還

有一點點的慰藉。可以説，即食麵的發展，折射了香港社會的發展步伐和生活方式的轉變。説即食麵是集體回憶的一部份，絕不為過。

失落在都市裡的蝦子麵
•••••

在即食麵還沒有流行以前，本地以蝦子麵為首的一眾麵餅其實也曾獨霸一方。麵餅在歷史裡名為「湯餅」，在漢朝稱為「索餅」。北魏農書經典《齊民要術》也有「水引餅」記載。本地早期的麵餅，製作時都加入了鹼水，所以在家裡烹調的時候，都要先把麵餅燙過，再另加湯頭配料。如此繁複的程序，難怪不能配合工業化和都市化的需要。但形勢比人強，食客給即食麵搶去是意料中事。

那麼工業化與都市化是怎樣為人民的生活帶來變化的呢？讓我們從都市研究説起。

芝加哥學派與都市社會學
•••••

都市研究（urban studies）是社會學中的一個重要部份，而都市社會學（urban sociology）也是社會學最早出現的分支之一。早在19世紀初，美國的社會學家已經開始探討人口高度密集的現象，當中影響最深遠的是芝加哥學派。芝加哥在18世紀中葉建城，由於地處美國東西部的咽喉地帶，這個城市成為美國國內重要的交通樞紐。早在1848年，芝加哥已經開始修建鐵路。發達的交通網絡和優越的地理位置，使它吸引了很多工業家在這裡扎根，同時也創造了大量的就業機會。農村人口和平民百姓為了找生活，也紛紛移民到這座新興的城市。原本，這種種條件足夠讓老闆和工人安居樂業，可惜人的慾望無窮，當工業家發了大財後，自然想換個更理想的生活環境。城市富起來後，大批中上階層人口開始向鄉郊遷移，都市的核心留下工人和沒法離開的低下階層。城中的引水道、街道、房屋，開始變得殘舊，衛生轉差，醫療設備嚴重不足。同時，不斷增加的勞動人口使工資下降，找不到

生活所需的人便鋌而走險,吸引了像卡邦(Al Capone)一類的世紀罪犯從東部老遠的紐約市前來建立地盤。曾幾何時,有人把卡邦看成芝加哥的地下市長,可想而知,當時的都市生活狀況如何。面對這樣的情況,芝加哥大學的社會學者採用了人文區位學理論架構,分析這城市裡的環境污染、衛生下滑、罪案頻繁、交通混亂、價值重整、道德沒落、階級衝突及失業、貧窮,甚至集體抑鬱等社會問題。

人文區位學在另文有比較詳細的介紹。還是説回人民的生活變化吧!

都市生活改變人心
◆◆◆◆◆

今天活在都市的人,很容易把眼下的一切生活習慣看成順理成章、自然不過。碰到陌生人彼此不會微笑(除非你有求於他,或他有求於你),更遑論對望(那可以被解釋為一個十分帶挑釁暗示的動作);那怕是同事之間的協議,説好的安排,也最好白紙黑字寫個清清楚楚(一般還會極力解釋自己的立場「不是不相信你,只是免得大家日後爭拗。你得明白我是對事不對人」之類大義凜然的話。但要對事,不對人的話,為甚麼要人家簽名);沒有特別事情的話,最好別驚動鄰居(當然,你可能搬走的那天都不曉得鄰居姓甚名誰);為了要保障個體的隱私,有各種機制簽名按鈕輸入密碼加強保護安檢確認;學生變壞,是老師的問題;病人不好,是醫生的問題;治安太差,是政府的問題;沒有空調,怎麼安睡?沒有辣椒醬,怎吃牛雜麵?沒有KTV,怎麼慶祝生日……都市人慢慢忘記了他們的祖先原來都不是生活在這樣一種高樓蓋天、冷漠無奈的環境中。

事實上,所有都市人都是農村移民的後代。農村人口到達城市後,發覺那是個陌生的世界。既然大家來自不同的村落,當然就沒有血緣關係,不是親人,就是陌生人,於是「資格主義」(credentialism)大行其道。往日鄉間那種説一不二的互信,被厚厚的證件、單據、文憑、履歷表、推薦信所替代。當個體的重要性被放得越來越大時,隱私也越來越被看重,人際間充斥著秘密,和利用這些秘密來牟利的機制。嚴

格來講，這一切都是制度化的互不信任。此外，傳統的家庭功能，像教育、醫療、娛樂等，也逐漸被有系統的組織及受過專門訓練的專業人員取代了。工業化的生產模式造就了中產階級，他們的生活方式變成人人追捧的標準，而且越來越多的消費品出現，解決一些可能是生產商自圓其說的所謂「消費者的需要」。

停下來……
●●●●●

我當然不是想把農村生活說成是烏托邦。但如果我們至少在都市生活的快速節奏裡偶爾停下來，想一下現在的節奏是不是唯一的選擇，那麼，不管反思的結果如何，至少我們的心靈將會活得更自由。忽然想起好些年前寫的一首小詩，剛好跟都市節奏和麵條都有聯繫：

> 停下來　停下來　在黃金歲月裡
> 放下工作　凝注思緒
> 看看現在　想想過去
> 也許也許　這是最後一次
> 放浪形骸之旅
> 往後就要為生活搏鬥
> 往後就要管男男女女
> 往後疲倦時　想起今天
> 吃過的拌麵條
> 喝過的檸檬水
> 停下來　停下來　在黃金歲月裡

延伸閱讀
●●●●●

葉肅科（1993），《芝加哥學派》，香港：三聯書店。

麵條種種

除了即食麵和蝦子麵以外，還有不少其他的麵條選擇。

1. 潮州麵線

這麵線用手拉成，粗幼不一，有白色和褐色兩種。前者較清淡，後者在擀麵的時候下了醬油，所以較為深色。如選用後者，在調味的時候就要小心處理。麵線可以放湯，也可以跟銀芽、肉絲、香菇絲同炒。

2. 上海麵

這麵條澱粉質特高，而且容易軟化。所以，最適宜配合比較有口感的配料同吃，像肉絲、筍、甘筍、白菜、雞腿、豬排等硬身的材料就最靠譜。

3. 意大利麵

不同品種中，我偏愛超幼的天使麵（angel hair）。有說要掌握韌度恰到好處的口感（即是意大利人所說的 al dente），可以把還在鑊裡的麵條扔到牆上，如果它黏在那裡，就表示部份澱粉已被釋放出來，麵身有嚼勁。但我相信最好的方法還是自己嚐嚐比較安全。麵條在八成熟左右，就可以熄火蓋上，讓餘溫把麵條焗一下。如果不想麵條粘成一塊，可以在湯麵條的水裡放一點點油。至於醬料，可用洋蔥絲、番茄、香草煮成茄醬。也可自製香草醬，將羅勒、菠菜葉、烤松仁、蒜頭、巴馬芝士碎、橄欖油、鹽混打即成。存放於冰箱內，可保存一個月。

在他眼裡，
所有可以把袋子打開的方法都能用，
所有可以蓋著湯煲的東西都管用。
因此，他看到的出路也比我多，
解決問題的方法，
也比我快。

18

18

廚房裡的思維邏輯

兩件笨事，一個書生

•••••

兩件笨事都發生在廚藝學校畢業後，剛開始在廚房工作的日子。

正在準備意大利麵，水剛滾透，熟練地下鹽下油。從貨倉拿出十幾包乾麵條後，走到刀架旁邊。正在炒菜的師兄（廚房裡同事的互稱）問我要幹甚麼，我說打算找一把刀把塑料袋割開。師兄二話不說，把一包乾麵條拿起，垂直向桌面一敲，袋子應聲打開，然後繼續耍酷地炒他的菜。那一刻，我覺得自己像個笨蛋。但更笨的事情還在後頭。

麵條煮得差不多，是時候蓋上煲蓋，讓水的餘溫把麵條稍為焗一下。於是到處找尋煲蓋。那師兄又看在眼裡（真不明白他如何可以一心多用），似乎早已猜透我想幹甚麼。同樣二話不說，拿起一個大碟子，蓋在煲上，之後繼續炒菜，也繼續耍酷。我乾瞪著眼，只恨廚房地上沒有一個像樣的洞。

兩件笨事，一個道理。我的思維模式，就是甲問題配甲答案，乙問題尋乙出路。心裡拿捏著的工作原則就是在廚藝學校學到的那一套。其

實，這也是知識份子普遍的思路：先給問題在原則層面定了性（袋子要用刀打開，湯煲要用蓋蓋上），然後把原則操作化（需要找刀子，找煲蓋），再解決問題（打開袋子，蓋上煲蓋）。如果在中間程序出了亂子（沒有刀子，沒有煲蓋），才會嘗試找尋折衷方案（找鋒利的東西替代刀子，找堅硬平面的東西替代煲蓋）。師兄的思路反而沒有這麼多包袱，他想的相對簡單，就是把問題解決。所以，在他眼裡，所有可以把袋子打開的方法都能用，所有可以蓋著湯煲的東西都管用。因此，他看到的出路也比我多，解決問題的方法，也比我快。「百無一用是書生」，又一例證。

書生的理性思維
◆◆◆◆◆

這種思路，反映了知識份子的思維基礎是理性（rationality）。然而，理性也有「工具理性」（instrumental rationality）與「價值理性」（value rationality）之別。「工具理性」所指的是處理問題時，光從手段著手，考量的重點是成本效益。當中沒有任何人文關懷（humanity concern），只要所用的方法多快好省就行。但「價值理性」卻加入了一些道德上的判斷，關心到個體的福祉，最後所選取的方案未必符合工具理性的考量結果。有時候兩種理性的考量甚至會互相矛盾，或出現所謂「理性中的非理性」（irrationality in rationality）的狀況。還是舉個食物的例子比較易懂。就說製作香腸吧！

香腸要吸引，和其他食物一樣，都得考慮色、香、味、形。香與味可以用優質新鮮的材料解決；形也可以採用羊腸衣或人造腸衣；至於色，就比較複雜。新鮮的肉類所以鮮紅色，是因為血液裡邊的血紅素（hemoglobin）還沒有在空氣裡氧化。一旦放久了，氧化過程完成，血紅素就會失掉原來的顏色，肉類色澤也變得暗啞。但香腸往往不是現做現賣的東西，可以想像，放久了的香腸是如何「色衰粉退」。因此，為了裝扮一番，製作香腸的程序裡很多時候會加入亞硝酸鹽（sodium nitrite），以破壞血紅素的帶氧功能，讓香腸可以保持鮮紅色。然而，有科學研究認為，人體長期吸收過量亞硝酸鹽，極有可能致癌。工具

理性的思維，當然同意多放亞硝酸鹽，讓貨品色澤更吸引。但價值理性或者會有不同的考量，認為人們的健康比任何口腹之欲更為重要，未必同意在製作過程裡加入亞硝酸鹽。當然，今天市場有售的，除非是超級新鮮的香腸，極大部份都含亞硝酸鹽。原因是，（價值）理性中出現了非（價值）理性。反之亦然。

那麼，究竟這種理性的思維源自哪裡？其實，它與社會學的誕生背景有密切關係。

研究社會從何而來
◆◆◆◆◆

化學、物理、生物等自然科學，還有哲學、數學、文學等人文學科，往往坐擁幾千年的深厚歷史。相對而言，社會學只不過經歷了幾百年。事情得說回15世紀到19世紀的歐洲，當時發生的幾件大事，直接讓人們開始思考個體在社會中的處境。這幾件大事包括：宗教改革（Reformation, 1517-1648）；法國大革命（French Revolution, 1789-1799）；啟蒙運動（Enlightenment, 18th century）與工業革命（Industrial Revolution, late 18th - early 19th century）。

掌控命運
◆◆◆◆◆

宗教改革主要指1521年，奧思定修會（Order of St. Augustine）的神父馬丁路德（Martin Luther）因為反對當時的天主教會以收取奉獻換取赦罪的做法，及不滿教會的世俗化，而遭當時的教廷驅逐流放。然而，他的離開並沒有沖淡教徒（當時是指所有的人民）對教會角色的討論。就路德所提出的教會所犯下的95條罪狀，人民開始懷疑教會以往的教導是否正確。當教會運作上的醜聞一件件被揭發時，人民便懷疑天主是否真的存在於教會的訓導中。進一步要問的是，如果教會可以出錯，那麼教會所代表的那個天主會不會出錯？如果天主可以出錯，那麼人類還能指望甚麼作為自己行為規範的依歸？以此推論下去，人逐漸有種渴求：要當回自己的主人，把生命的主權從天主手中奪回來。

皇權陷落
◆◆◆◆◆

這種當家作主的渴求，在法國大革命裡表露無遺。這場從1789年左右開始，經歷了十幾年的大規模革命，給人民最大的啟示就是皇權並非必然，也非必要。當人民把象徵至高無上神權的太陽皇帝路易十六送上斷頭台時，他們明白了昔日皇帝所代表的階級制度是何等脆弱！人人生而平等是天經地義的大道理，人權的理念由此而生。既然如此，就必須瞭解個體在群體中的地位，及兩者之間的互動關係了。

理性抬頭
◆◆◆◆◆

18世紀席捲歐洲的啟蒙運動也為這種追尋提供了強而有力的理論後盾。人們開始質疑過往以神話解釋的自然現象，並且認為事事以「人神互動」作為切入點並不一定恰當。我今天的處境不一定是天主的旨意，也不一定與我過往行為的道德判斷相扣連。「命運合該如此」並不能成為所有事件的最終解釋。不斷發展的各種知識範疇，讓人們對事物的由來漸漸產生興趣。久而久之，理性抬頭，人們以實驗及科學方法檢驗當下的假設。凡是經不起這考驗的事物，就是偽裝，就該被取締。同理，藉著理性與科學，個人也可以改變自己的命運。

人創造了自己搬不起的石頭
◆◆◆◆◆

要為個體安身立命，除了理論的支援，更需要具體的行動。工業革命以降的科技騰飛，為當時的歐洲人扎了一支強心針。蒸汽機、火車頭及大量令人讚歎不已的機器相繼出現，它們發出的力量，比創造它們的人類更強大。天主是否能創造自己搬不起的石頭，還是未知之數，但人類在瞬間已經做到。這時人們不得不想：人的能力不可能、也不應該再給天主限制了。人有能力和動力去瞭解安排並改變身處的環境和社會。

在這個背景下，人類開始發展對身邊夥伴的研究。而社會學的英文本字「sociology」就是由拉丁文「研讀、真理、學習」（logos）與「夥伴」（socio）兩個字根拼成。所以，社會學的研究，對象原本就是身邊的人群。而理性思維，就是研究中不可或缺的工具。

當然，耍酷師兄讓我明白，做學問可以理性，但在做學問的過程裡，稍為顛覆一下，可能更有得著。

延伸閱讀
◆◆◆◆◆

畢浩明主編（1987），《社會學：界限與局限》，香港：商務印書館。

何強星主編（2002），《社會學入門：學習指南》，香港：香港城市大學。

刀子不只是刀子

前文提到，在廚房裡解決問題時，所有工具都可能有另外一個用途。其實，不光碟子可以變成煲蓋，就連刀子也不只是刀子。比如說，在開啟玻璃瓶蓋的時候，往往會因為瓶內跟瓶外的氣壓不同而難以開啟。這時候，只要用刀背在瓶蓋周邊敲幾下，讓空氣從夾縫進入瓶內，就能輕易把瓶蓋打開。刀子還可以用來運送小量的碎肉和碎蔬菜；在濃稠的伴碟汁液上畫出花紋，和充當沙拉油的攪拌器。

此外，廚師腰間常常圍著的毛巾，除了可以用來擦手外，一般也能用來隔熱；纏成一個圈，放在桌子上的毛巾，能幫助固定圓底的金屬盤子；而綁在烤箱外面的毛巾，就代表「烤箱使用中，切勿打開」。其他在廚房變身的物料，還包括撒在油污地上防滑及臨時用來滅火的鹽；扭在一起充當繩子的保鮮紙等。

當科技發展得越快，
市場上各式各樣「新產品」越多，
專業人士的曝光率就越頻密。
似乎每一種新科技，
大眾都對其有所迷思，
認為必需要由專家去教導大眾，
才可得其運用的精髓。

19

19

醫食同源？

人不自補？
★★★★★

廣東人對湯水有種近乎迷信的熱誠。看見久未見面的朋友，如果對方
精神欠佳，都會送上一句：「最近是不是缺乏湯水？」湯水總有其季節
性的「療效」，春天的「扁豆眉豆赤小豆粉葛鯪魚」，利水除濕；夏天
的「冬瓜蓮葉薏米」，消暑解熱；秋天的「雪耳木瓜瘦肉」，滋陰潤燥；
冬天的「淮山杞子響螺頭」，補氣益血。每個季節，每種天氣，彷彿都
有它匹配的食物。「衣食足，知榮辱」，在越富裕的社會裡，這種飲食
醫療化的趨向便越發明顯。這不但發生在華人社會，即使在西方已發
展的社會裡，也是一樣。我在美國生活時，為了多做運動，跑到健身中
心尋找專業指導。教練除了給予各種建議外，還充當售貨員，極力說
服我相信自己的身體「無法」從日常食物中吸收足夠的營養。因此必須
「進補」一些食物補充劑 (food supplements)。也就是說，吃東西的
目的，是為了維持健康而已。

飲食醫療化與中產階層
✦✦✦✦✦

不難發現，年紀越大，對健康狀況的變化便越敏感。因此，這種「為了健康必須吃或不吃某種東西」的概念就在中年、尤其是中產階層裡特別有市場。為甚麼是中產階層？試想想，如果我們粗略把社會分成三層，高層社會平日所用所吃的已是優質材料，健康變差的機會較微。而且，他們擁有相對較多也較優質的保健資源（包括醫療服務、藥品、資訊），萬一健康變差，也有較強的應變能力，所以當下的健康狀況，未必是他們的關注點。至於草根階層，他們花掉大部份的資源（時間、精力、金錢）在求存之上，也不可能注意太多身體健康的問題。健康變差時，他們只能向公立醫療系統求救。這也解釋了為何公立醫院擠滿的大部份是窮人。至於中產階層，他們掌握了一些資源，對生活所有方面皆有要求，特別在香港，中產階層更常被各種社會政策所忽略。他們的無奈，只能轉化為種種「自求多福」式的部署。吃得健康，就是其中一環。

還記得，早陣子和一群「早已上岸」的朋友飯局。整整兩小時，其中一位細心介紹他的「蔬菜連渣帶汁另類療法」。據說那一大瓶深褐色的濃稠汁液，是他的「另類療法」信徒朋友極力推薦的。我不是美食家，也不是營養師，更不是科學家，所以無法作出客觀評價。但這種把東西打個稀巴爛放進一個大瓶內，再分開幾次喝下去的做法，我總覺得有點怪怪的。心想，把東西都打個稀巴爛的工作，不是應該由胃部去做的嗎？怎麼用攪拌機跟瓶子取代了？於是我問他：「好喝嗎？」他說：「很有益！」這是個十分值得咀嚼的答案。情況跟問「她漂亮嗎？」卻答「她很有氣質」一樣，都是顧左右而言他。

於是，在座的人都對「蔬菜汁」的味道「心知肚明」。為甚麼要喝這瓶味道詭異、顏色平庸、口感曖昧的東西？因為「有益」。我當然沒可能在「健康萬歲」這最高指導思想前指手劃腳。然而，當飲食等同醫療、食物被轉化成為「保健藥品」的同時，背後的邏輯也真頗堪玩味。

生活醫療化
●●●●●

其實不只飲食，就連社會生活的其他範疇都似乎有被「醫療化」（medicalized）的趨勢。不善辭令、含蓄內向，疑有「社交焦慮症」；心情跌宕、解手頻頻，或是「腸道激躁症」；舊曰「疑神疑鬼」，今謂「思覺失調」；甚至有醫院提供手術套餐，稱可替病人切除交感神經，以除手汗過多、面紅耳熱等「不利於社交及個人性格發展的阻礙」云云。醫療化至此，是否已經「玩過頭」了？

當然，如果能使現代社會生活變得更幸福、更合乎人的需要，相關的技術，是值得尊重、深化和推廣的。然而，在這過程中，作為此等技術的牽頭人，「專業人士」有其道德上的責任。他們有責任在掌握前衛資訊的同時，也為普羅大眾指出幸福之路，或至少作為他們上路時的明燈，而不是藉著自身擁有的知識與優勢，在各個領域裡上下其手，大撈油水。其實，「專業」究竟如何出現？

專業之路
●●●●●

韋蘭斯基（Harold L. Wilensky, 1964）提出了一個看法，他認為所謂專業，必有其發展的幾個階段。首先，社會對某一種服務有殷切需求，使其從業員可以專職其中，成為全職服務者。然後，該行業的成員開始對自己的訓練有所要求，繼而跟專門機構，例如大學等合辦訓練課程，而這些課程也逐漸演變成投身該行業的必經途徑。經過一段時間的運作後，該行業開始意識到自身的社會使命，而成立業內大小團體與公會組織，以探討其發展方向及作為業內與外界溝通的橋樑。接著，組織開始壯大，並透過各種包括考牌、立法、註冊等方法，限制新成員加入專業，並使專業的權威地位得以鞏固。最後，專業經過長時間的運作，發展出一套倫理觀與專業守則。而在推廣此套倫理觀的同時，也進一步把專業與普羅百姓放在一個權力不均（power differential）的狀況之中。於此，專業的發展已趨成熟。當然，韋氏亦認為，並非所有專業都必須按這次序發展。有些甚至是幾個步驟同步進行的。

於是我們可以看見，專業的發展，其基礎必須是普羅大眾的真正需要，那怕是專家學者，端賴平民百姓的認可及授權（legitimation）。既然如此，這些幾乎可以說是壟斷知識、守著專業門限的「既得利益者」，自當以民眾的福祉為念，戰戰兢兢，謙恭自重。而不是以知識作為武器，愚弄那些寄予他們無比信任的老百姓。

然而，現代社會也真夠逗！當科技發展得越快，市場上各式各樣「新產品」越多，專業人士的曝光率就越頻密。似乎每一種新科技，大眾都對其有所迷思，認為必需要由專家去教導大眾，才可得其運用的精髓。專家變成新時代的大司祭，而科技則成為現代的新宗教，必須由大司祭去作中介人。原本科技能從神話與迷信之中解放人類，但到頭來卻成為扣在人類四肢上的新枷鎖。

還是把這話題拉回食物之上吧！

專業廚師的三個 taste

如此看來，廚師作為專業，又該如何自處？以覓社會福祉為己任？驟聽下去，或覺沉重。如果以此詢問學廚時候的一位英籍老師，他的答案準是：「我怎知道？我只是個笨廚子，不是甚麼火箭專家！」("How am I supposed to know? I'm just a dump chef. I ain't no rocket scientist!")話雖如此，畢竟行有行規。做個專業而稱職的廚師，即使未能保衛世界和平，至少可以讓人們活得幸福一點。於此，又想起意大利籍老師在畢業典禮上的致詞，重申學校所有廚房裡常常掛著的三個「taste」字。

第一個「taste」指的是「試味」。除了牙醫以外，廚師是唯一可以把東西放進別人口中的人。這當中包含了食客對廚師莫大的信任。因此，廚師自當將心比己，易地而處，以自己的味蕾，捍衛食客的肚腹。這是廣東諺語所謂的，「泥水佬造門：過得自己過得人」。在每一個烹調的步驟裡，廚師都應該試味，並考慮自己與食客口味之間的落差，盡量以後者的要求為依歸，這樣才不負食客的信任。

第二個「taste」所指的是，除了試味以外，廚師亦應不斷提升自己本身的「品味」，在千變萬化的飲食世界裡自我求變，不因循怠惰，不墨守成規。雖然烹調過程有很多前人經驗為基礎的所謂法則，但前人之法，未必合今人之用。況且，烹調方法和技術，亦跟食材的演變發展有關。比如說，從前的三文魚，絕不可能是養殖所得，因為根本沒有這個技術。野生的三文魚，由於運動較多，所以肉質較實，脂肪較少，適合使用「乾烹法」（dry-cooking，即以抽乾水份的方法烹調，如煎炸等）。但養殖的三文魚活動範圍小，肉質相對較嫩，而且脂肪多。由於長時間烹煮也不會失掉油份，養殖的三文魚適合使用「慢烹法」（slow-cooking，即以攝氏60度至80度的上湯或溫油浸煮）。也就是說，廚師不可能光記著「烹調食材的法則」，他同時必須對食材的新近發展掌握通透，並保持一個開放的目光，接受新的可能。

自我提升的同時，還有第三個「taste」，就是要帶領食客提升他們的「品味」。以自己所得的新知識，為食客提供新的選擇。特別是在香港這個沒有土生土長菜系的地方，創新與發展新食制就顯得更重要。本地有些同業的確是創新的佼佼者，自己偏好的幾項妙品就有：白粥火焗、龍鳳檸樂、蟹粉炒丁麵等等，可說是神來之筆，美味之餘又不失創新的旨趣。

這又想起那位為健康而喝下曖昧汁液的朋友，如果有一天，那汁液變得可口，而且還是他自己另創的新食法，不必求教「專業人士」，那將是個真正食得自由的境界。

延伸閱讀
✦✦✦✦✦

Anthony Bourdain (2000). *Kitchen Confidential*. New York: The Ecco Press.

食譜樂與怒

幾年前為朋友準備了一本私房食譜，慶祝她找到歸宿，裡邊沒有份量和時間，只有食材和烹調方法，朋友問為甚麼。理由是，到目前為止，我還沒有見證過任何人，能跟著食譜指示成功地烹調出任何東西。

原因有兩個：第一，食譜的作者所理解的內容，其實必有其主觀的理解角度，比如說，究竟一茶匙是多少？哪一個顏色才算金黃？怎樣才算炒得食材柔軟？濃稠所指的是甚麼？這都沒可能完全被標準化。第二，食材的形狀、質量、顏色各異，甚至會受季節、天氣、產量、運輸狀況等等因素影響，硬套一些烹調指示無異緣木求魚。

因此，在專業廚房看見的標準食譜（standard recipes）都只是一種參考而已。烹調不等同科學實驗，廚師要以觀察到的現場情況為烹調的準則，西廚叫這個概念作「eye-balling」。

社會對性別的定型，
主要因為主流意見把「性別」與
「性類」畫上了等號。
換句話說，
我們把某一些屬性定義為
「男性應有的」或「女性應有的」，
不可逾越。

20

廚房男女

本章內容，或有三級，未成年讀者請由家長陪同閱讀。

先説故事三則。

甚麼鳥的性騷擾

五星級酒店的法國餐廳廚房裡，副總廚手上拿著幾頁文件走進來。比起平日，他除了傲氣，還多了幾分不屑。他「嘭」的一聲把文件扔到桌上，開始那天的例行早會。他閉著眼聽完所有廚師報告這幾天的訂單安排，然後，拿起文件，先罵了一整分鐘內容主要是人體器官名稱的髒話，才開腔回報今天早上行政總廚會議要下達的指示：「今天早上人事部邀請了『平等機會委員會』來跟我們介紹這文件，説要小心工作場所裡的性騷擾事件。」他停下來喝了一口咖啡，再介紹了另一輪器官的名稱。然後繼續説：「人事部提醒我們，在廚房別説他媽的髒話。特別是女同事在場，就連有味笑話也不能説。不然就可能令女同事感到不安，造成性騷擾。」接下來是第三輪的器官介紹。在場的同事，不約而同把眼光調向廚房內唯一的學徒妹妹。副總廚一邊笑，一邊問她：「亞女（廚房內對年輕及經驗淺的女性廚工的泛稱，頗有輕視之意），

我給你一個機會，你老實跟我講，你有沒有給我們性騷擾過？你講呀！不怕呀！怕甚麼鳥！」學徒妹妹尷尷尬尬地說：「沒有。」

水果不是水果
♦♦♦♦♦

她換上貼身的制服，對著鏡子照了又照，還記著昨天經理對她的口頭警告。其實也不過是小腹略略隆起而已，怎麼會想到說我不夠專業？「都是這制服惹的禍，根本不是給人穿的！哪個侍應生會穿得好看？我要是有這種身形，早當模特兒去啦！」她牢騷了幾句。如常地來到廚房拿兩個麵包充當早餐，一進廚房就看見副總廚。副總廚問她除了麵包，要不要水果做早餐，然後笑淫淫地上下打量她。她鐵青了臉，帶點憤怒但還得微笑地說：「不用了，謝謝。」上星期同樣的地方，同樣的時間，同樣的問題，副總廚把一個蜜梨遞給她，說要給她「以形補形」。她心裡嘀咕著：「如果不是為了掙錢，我才不會跟這些猥瑣佬打交道！」

妳不行的
♦♦♦♦♦

她現年48歲，是廚房裡的初級廚工，我從來不知道她的本名，只跟著師兄弟喊她四妹。她原本是個洗碗工，幾年前，當時的總廚見她工作勤快，又不時為放病假的同事替工，而且眼明手快，於是破格把她提升為初級廚工。她也挺爭氣的，升職兩個月已經可以獨個兒處理午餐時段的甜品。四妹覺得自己有能力做得更好，於是向總廚要求調到餅房（甜品廚房）工作，總廚說會跟餅房那邊的主廚商量一下。時間漸漸過去，調職的事音訊全無，四妹心裡有點著急。她終於向總廚查問，總廚說：「我跟那邊商量過，你知道我們的顧客要求很高，特別難侍候。而且餅房的聲譽一直很好，每隔幾個月就有飲食雜誌的訪問。餅房的主廚在這裡幹了二十多年，酒店一向都很相信他的決定……」四妹越聽越不明白，這和她調職的申請扯得上關係嗎？也不知道總廚說了多久，她隱約聽到一句，「那邊的同事說從來都沒有女人跟他們工作過，師兄

弟擔心會不適應。」然後又聽到另外一句,「他們認為你做一兩個簡單的午餐甜品還可以。但像他們大量生產,工作又要緊跟時間表,還是需要一定體力的,你始終是個女的。」四妹沒有投訴,也沒有抗爭,因為她明白了申請不被接納的真正原因。

說「飲食」就不能不說「男女」
♦♦♦♦♦

故事之所以三級,不光是因為用詞有點難登大雅之堂,更因為內容是建基於真人真事。三則故事同樣暴露了廚房裡血淋淋的性別戰場,兩性角力每天都發生在這個地方。所以,在廚房工作得越久,越明白為甚麼說「飲食」,就不能不說「男女」。

很普遍的一個見解是,女人在家裡的廚房如何做得頭頭是道,她們也不可能在專業廚房打滾。要不然,為甚麼大廚師都是男人居多?這不就是個最好的證明嗎?問題是,「女人不可能在專業廚房打滾」跟「大廚師都是男人居多」兩個變項之中,哪個是因?哪個是果?學徒妹妹能夠不說「沒有」嗎?女侍應真的只能賣弄她的外表才能生存嗎?四妹就真的沒有能力當上餅廚嗎?是女人沒能力做得專業?還是男人主導的制度不給女人機會展示她們的能力?

性別與性類
♦♦♦♦♦

這個普遍的見解又常常因為另一個更普遍的見解而變得更更更普遍。那就是:男女在性格特點上的確有明顯的不同,他們也因此適合做不同的事情。有一些功能學派的社會學家也同意這一種看法。他們認為男性適合從事一些工具活動(instrumental activities),因為這些活動可以發揮男性堅守原則,重視權威的屬性,所以,男人應該在政治、商業、行政等領域發展。而女人因為天生注重細節,也懂得易地而處,較為適合從事需要表達感情的活動(expressive activities),所以女人應該在照顧別人的行業例如教師、社工、護士等發展。然而,功能學

派的看法，背後有一個假設，就是個體的性格與他擁有的性器官必然掛鈎。當然，行為跟體內的激素分泌可能相關，因此，這講法有它的生物學依據。但當行為科學也認同外在環境可以改變個體的學習結果時，我們是否可以為上述的說法翻案？

事實上，我們得先分清楚兩個概念。首先是一般認識的「性別」（sex），那是指個體身體擁有哪種性器官，它是個生物學的概念。但「社會文化性類」（gender）卻是另外一個範疇，它所指的，是社會對不同性別的個體的一大套期望。比如說，對理想中男性的期望一般是：主動、理智、有主見、決斷等。所以，能合乎這些期望而又擁有男性性器官的個體，我們會稱讚他「很有男子氣概」，很「man」。然而，如果合乎這些期望，卻擁有女性性器官的個體，我們會冷淡的說她「陽剛味太重」、太「硬朗」、太「男人婆」。總之，就是有點「錯配」，有點「不對頭」。這裡可以看見，社會對性別的定型，主要因為主流意見把「性別」與「性類」畫上了等號。換句話說，我們把某一些屬性定義為「男性應有的」或「女性應有的」，不可逾越。

刻板環境下的小薯仔
★★★★★

這種刻板化的論述，也見於媒體之中。而且往往有意無意地加上一些男強女弱的色彩。比如說飲食節目裡，識飲識食的、能文能武的大廚總是男性居多，而女性多半擔當插科打諢的角色。她們往往用高八度嗓子喊出「好好吃啊」、「原來是這樣的啊」、「你不說我真的不知道啊」和「這魚真有魚味」等缺乏主見的白癡話，很明顯，製作單位認為這可能是她們對節目的唯一建樹。同理，在很多電影之中，女主角最大的貢獻就是給男主角拯救，而不少廣告也把女性打造成只懂打扮和消費的動物。有女性主義學者認為，男權主導的社會有這種部署，是為鞏固現在權力不勻的狀況，使剝削延續下去。

「那麼，面對大環境，我等小薯仔又有何對策？」我常常遇到學生們這種提問。其實，所謂的大環境，不就正正是我等小薯仔一手一腳，眾志

成城的產品嗎？我們既然是小薯仔，也只能做小事。比如說，在高舉男女平權的原則時，別要求伴侶穿高跟鞋（讓她婀娜多姿）或放棄穿高跟鞋（免得她比自己高）。而在埋怨自己成為「第二性」的時候，就該想想有沒有輸打贏要，推說伴侶應該比自己強壯，所以應該負責粗重功夫？朱子治家格言有說：「善欲人見，不是大善；惡恐人知，必是大惡」。我們真的不能小覷一些細微的小行為。不然的話，哪怕是男是女，我們跟那個表面上是副總廚，實際上是一頭仗勢凌人、好色可惡、讓人看了噁心的「男性沙文主義豬」有何分別？

延伸閱讀
◆◆◆◆◆

Mindy Stombler(etc.),(2007). *Sex Matters: The Sexuality and Society Reader*. USA: Pearson Education.

陳寶瓊、陳惠芳、黎佩兒（1999），《性是牛油和麵包》，香港：進一步多媒體。

洪雪蓮、馮國堅（合編）（2003），《香港婦女檔案》，香港：新婦女協進會。

尖叫（1999），《我們的眼鏡在飛揚》，香港：進一步多媒體。

冰鎮清酒西柚

除了對女性有不公平的刻板印象外，我們也往往對男性不太公平。特別對能夠細心做甜品的男生，就更覺得他們有點娘娘腔。我沒辦法移風易俗，改變人心，但就想為甜品師傅們平反一下。這道甜品師承一位在主流角度中必然被定義為粗獷型的師兄。希望做的人和吃的人都有點時間反思。

西柚要挑紅潤的。柚皮從頂部順時針方向削出，盡量不要削斷。把皮捲成玫瑰花形狀，放在小碗裡。柚子肉切丁，加糖和清酒拌勻，放冰櫃內至少兩個小時。吃時把柚子肉放回柚皮做的玫瑰杯內，上加薄荷葉點綴。

後話

知道我有這寫書計劃的人，一般有三種反應：有的興奮請纓試菜（酒肉朋友們，請對號入座，為存忠厚，姑隱爾名）；有的不時噓寒問暖，打探成稿進度，給我適當程度的壓力；當然還有勸我做好「份內」工作，不要老是「不務正業」。

對於前兩種人，我早已感謝過。對於第三種人，我有話要說。

自己是個半途出家學社會學的人。從第一天走進社會學的門檻開始，就想當個「身處象牙塔，面朝醬醋茶」的學者，把日常生活的點點滴滴，聯繫到社會學的研讀上面。正如美國社會學家貝勒（Robert Bellah）說過，學社會學的人，有責任做個「公共知識份子」（public intellectual），把所學到的視角，與其他人分享，讓老百姓能夠對當下身處的狀況有所領悟。只有這樣做，才不會把理論、研究、數據、報告等，變成大部份地球人都看不懂的外星語言。如果我這本書，能夠至少讓讀者產生一丁點閱讀社會學學術著作的興趣，那麼，所務的業，正的也好，歪的也好，也算是值得了。

又或者，遊走於砧板與黑板之間，一手執筆，一手拿刀，偶爾不務正業，可能就是我的正業了。

無論如何，還是要感謝你們的鼓勵。